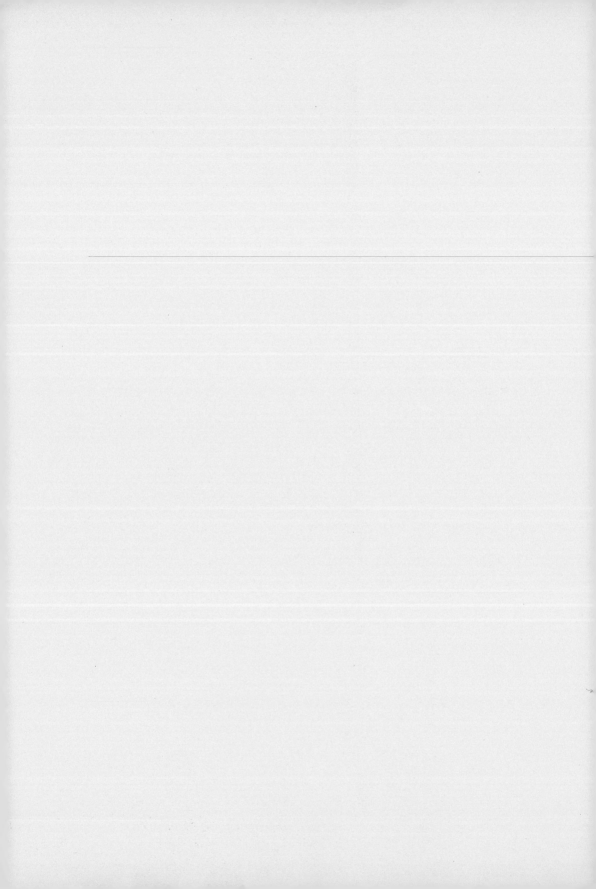

101 Cool Magic Tricks

Published by Hinkler Books Pty Ltd 45-55 Fairchild Street, Heatherton, Victoria 3202, Australia
www.hinkler.com
© Hinkler Books Pty Ltd 2004

Korean language edition © 2020 by UI Books
Korean translation rights arranged with CURIOUS UNIVERSE UK LIMITED through
EntersKorea Co., Ltd., Seoul, Korea.

101가지 쿨하고 흥미진진한 마술 놀이

1판 1쇄 인쇄 2020년 12월 15일
1판 1쇄 발행 2020년 12월 20일

저자 바브 와이터
그림 글렌 싱글레톤
역자 지이지
펴낸이 이윤규

펴낸곳 유아이북스
출판등록 2012년 4월 2일
주소 서울시 용산구 효창원로 64길 6
전화 (02) 704-2521 **팩스** (02) 715-3536
이메일 uibooks@uibooks.co.kr

ISBN 979-11-6322-050-3 43690
값 13,800원

차례

일러두기

- 이 책은 어린이들이 재미있게 읽을 수 있도록 만들어진 학습 문고입니다. 책에 서술된 내용 중 일부는 어린이들이 따라함에 있어 적절한 소품과 신체적 움직임이 필요할 수 있으며, 부상의 위험이 있을 수도 있습니다. 또한 앞서 언급한 피해에 있어서 출판사 및 편집자에게는 책임이 없음을 알려 드립니다.
- 책의 가독성을 위해 숫자를 표현하는 방식에서 아라비아 숫자와 한글을 혼용하였습니다. 또한 일부 내용은 현재 우리나라의 기준에 맞게 각색했음을 알려 드립니다.

머리말

여러분이 마술을 배우고 싶은 이유는 뭔가요?

만약 "집이나 학교, 혹은 큰 행사의 관중들 앞에서 마술을 펼쳐 보이고 싶어서요"가 여러분의 대답이라면, 계속 이 책을 읽으면 됩니다. 이 책은 여러분이 매혹적인 마술 쇼를 선보일 수 있도록 훌륭한 조언을 드릴 거예요.

그냥 가족이나 친구들 앞에서 자랑할 마술을 몇 가지 배울 생각이라면, 그것도 괜찮지요. 여러분의 대답이 어떻든 간에, 이 책이야말로 여러분을 위한 것입니다. 이 책에는 엄청나게 많은 마술이 담겨 있거든요. 무려 101개나 되죠. 여러분이 알고 있는 모든 사람을 몇 달이고 즐겁게 해줄 수 있을 거예요!

마술은 전 세계적으로 여러 문화의 다양한 신화와 전설에서 소개되어 왔습니다. 어쩌면 여러분은 마술사 '멀린'에 대해 들어 봤을 수도 있겠군요. 멀린은 1500년도 더 전에, 영국의 전설적인 아서 왕을 탄생시킨 것으로 알려진 마술사입니다. 멀린은 마법의 검 엑스칼리버를 바위에 꽂아두었고, 그 검을 유일하게 뽑을 수 있었던 아서가 결국 왕이 되었지요.

우리 중 대부분은 마이크로칩이 어떻게 컴퓨터에 동력을 공급하는지를 설명할 수 없고, 과학 수업이 끝나고 나면 전기의 원리를 기억해 내지도 못합니다. 컴퓨터나 전기 외에도 신기한 현대 기술들이 많지만, 우리는 별다른 감흥 없이 쉽게 받아들이고는 하지요. 하지만 미소를 띤 마술사가 동전을 자유자재로 사라졌다 나타나게 하면, 여러분의 반응은 어떤가요? 놀라움으로 가득 찬 눈을 말똥말똥 뜨고 지켜보지 않나요? 사실 우리는 모두 불가사의한 일을 좋아합니다. 그게 바로 마술이 사람의 마음을 잡아 끄는 이유지요.

그러므로, 마술사가 배워야 하는 첫 번째 규칙은 이렇습니다. 절대로, 어느 누구에게도 여러분이 어떤 속임수를 사용하는지 말하면 안 됩니다. 상대가 아무리 여러분의 가장 친한 친구라 할지라도요.

어떤 속임수를 쓰는지 말하지 마세요!

마술을 시작하기 전에

마술을 선보일 때 기억해야 할 규칙이 몇 가지 있습니다.

1 절대로, 그 누구에게도 어떤 속임수를 쓰는지 말하면 안 됩니다. 앞에서도 언급했지만, 이거야말로 제일 중요한 규칙이에요. 말하지 마세요!

2 속임수를 완벽하게 연습한 후 기억하고 있어야 하며, 한 번의 실수도 없어야 합니다. 그렇게 할 수 있을 때까지 여러분은 공연 목록에 있는 모든 속임수를 각각 다 연습해야 해요.

3 관객들이 여러분의 앞에 있도록 합니다. 사람들이 여러분의 옆이나 뒤에 앉게 두지 마세요.

4 같은 관객 앞에서 한 가지 속임수를 반복하지 마세요. 만약 마술을 다시 보여 달라는 말을 듣는다면 여러분의 어깨는 으쓱하겠지만, 사실 관객들은 속임수의 비밀을 알아내려는 것뿐이에요!

5 마술의 보편적인 규칙 중 하나는 무엇을 할 예정인지 관객들에게 말하지 않는 것입니다. 여러분이 마술을 펼치는 동안 기대와 긴장감이 쌓여가도록 하는 편이 낫지요. 그러나 관객들에게 말을 걸어 보는 건 괜찮습니다. 이야기 혹은 사람들의 이목을 끄는 입담은 여러분이 관객의 주의를 돌릴 수 있도록 도와줄 거예요. 여러분이 진짜로 뭘 하고 있는지 사람들이 볼 수 없게 말이에요!

6 공연의 극적인 효과를 끌어올리기 위해, 표정과 몸동작을 활용합니다. 예를 들어, 정신을 완전히 집중하고 있다는 것을 보여주려고 얼굴을 힘껏 찡그릴 수도 있겠지요. 혹은 관객의 주목을 얻기 위해 말없이 잠시 가만히 서 있을 수도 있고요. 어쩌면 여러분이 가진 '마법의 힘'을 불러내거나 관객들의 주의를 돌리고자 할 때에는 가끔 팔을 허공에 대고 휘저어도 될 거예요.

7 공연에 쓰이는 모든 도구는 완벽하게 잘 사용할 수 있는 상태여야 하며, 말끔해 보이도록 손질해 둡니다. 꾀죄죄한 지팡이나 모자는 절대 안 된다고요!

8 일단 마술을 하나 익혀서 보여줄 수 있게 되면, 여러분의 생각을 더해 살짝 변형해도 좋습니다. 더 재미있을 지도 모르죠!

9 각각의 마술을 펼치는 동안, 관객들에게 들려줄 이야깃거리나 만담을 연습해서 완벽하게 할 수 있도록 합니다. 다른 사람이 아무리 똑같은 마술을 펼치더라도, 바로 이런 점이 그 사람과 여러분을 다르게 보이도록 만드니까요.

10 어두운 배경을 등지고, 밝은 불빛 아래에서 공연하세요.

마술 쇼를 위한 계획

몇 가지 간단한 도구로 관객의 흥미를 끄는 속임수를 익히는 것부터 시작하세요. 여러분은 아마 이러한 마술이 가장 쉬운 단계라는 것을 알게 될 거예요. 더욱더 자신감이 붙으면, 그때는 훨씬 길고 어려운 마술을 배울 수 있지요.

자, 이제 여러분의 마술 쇼를 계획할 때가 되었어요!

잘 짜인 모든 공연에는 시작과 중간과 끝이 있습니다. 여러분이 공연을 계획할 때, 긴 마술의 사이사이에 짧은 마술도 끼워 넣는 걸 명심해 두세요. 관객들의 흥미를 사로잡는 데 분명 도움이 될 테니까요.

먼저 여러분은 어느 정도의 길이로 공연을 하고 싶은지 생각해 보세요. 공연을 처음 할 때는, 흔히 짧은 분량이 좋다고 이야기합니다! 그렇기 때문에, 여러분 인생의 첫 마술 쇼는 아마도 10~15분 정도의 시간이면 충분할 거예요. 마술을 처음으로 하는 입장에서는, 수많은 이야기와 마술로 이 짧은 시간을 채우는 것조차 쉽지 않을 테니까요.

마술 쇼를 위한 준비

당연히 해 두어야 할 일 (공연에서 자신 있게 할 수 있게끔 속임수를 미리 익혀 두는 일이죠!) 외에, 여러분이 펼칠 모든 마술에 필요한 도구를 갖춰야 합니다.

탁자를 천으로 덮고, 도구를 천 위에 놓아두는 것도 좋은 생각이지요. 이때, 반드시 도구가 말끔해 보이도록 준비하세요!

또, 무엇을 입을지 계획해 두세요. 도구 때문에 의상이 필요한 경우가 아니더라도, 마술사처럼 차려입는 것은 여러분이 역할에 몰입하게 만들어 주는 하나의 방법이에요. 특정한 마술을 위해서는 특별한 옷을 입어야 할 지도 모릅니다. 팔 늘리기 마술에 쓰이는 재킷과 같이 말이에요.

그리고 만약 공연이 진행되는 동안 관객에게 어떤 특별한 이야깃거리를 들려주기로 결정했다면, 그것도 마술만큼 연습해 두세요. 여러분은 처음부터 끝까지 모든 걸 자신 있게 할 수 있어야 하니까요!

마술 쇼 펼치기

관객을 앞에 두고 있을 때에는 자신 있게 행동하세요. 여러분이 선보일 마술에 대해 아주 신나는 표정을 지으세요. 허리를 굽혀 인사하고, 터져 나오는 박수를 만끽하세요. 이 또한 여러분이 지금 이곳에서 마술을 하고 있는 이유 중 하나이니까요.

최대한 또렷하게 말하세요. 말을 웅얼거리면, 관객들은 여러분이 무슨 말을 하고 있는지 따라갈 수 없을 테고, 여러분이 말하는 정보 중에서 결정적인 부분을 놓칠 지도 모릅니다.

언제나 여러분의 마술을 도와줄 지원자가 있는지 물어본 후, 관객을 쇼에 참여시켜 보세요. 혹시 뭔가가 잘못되더라도 걱정하지 마세요. (적절한 경우라면) 다시 한번 하거나, 아니면 바로 다음 속임수를 시작하면 된답니다.

여러분이 할 수 있는 것 중 가장 멋진 마술을 마지막에 펼칠 수 있도록 계획해두면, 여러분은 아마 관객의 우렁찬 환호 속에서 퇴장하게 될 거예요!

마지막으로 덧붙이자면, **즐기세요!**

재빠른 속임수와
간단한 착시 마술

공연을 시작한다면,
처음 2~3개쯤은 이런 재빠르고 간단한 착시 마술로 시작하세요.
지금 소개할 착시 마술은 관객으로 하여금 더 많이,
더 빨리 보고싶도록 애타게 만들어 줄 겁니다!

마술 놀이 1

길거나 혹은 짧거나

★ **필요한 것:** 연필 1개, 종이 1장, 자 1개

이 마술은 초반에 손쉽게 관객들의 흥을 돋워줄 착시 마술이에요.

1 종이에 평행이 되도록 2개의 직선을 그립니다. 반드시 2개의 선이 정확히 같은 길이, 이를테면 각 5센티미터가 되도록 하면서 서로 약 2센티미터쯤 떨어지게 합니다.

2 그리고 각 줄 끝에 (오른쪽 그림과 같이) 각을 그려 주세요. 여러분은 2개의 선이 똑같은 길이인 것을 알고 있지만, 착시 현상이 한쪽을 다른 쪽보다 짧아 보이게 만들지요. 그 때문에 관객들은 이 사실을 납득하기 어려울 겁니다.

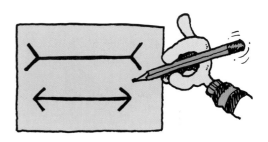

물러서게, 친구들!
이건 마법 토끼일세…
…장전될 수 있다네!

알고 계셨나요?
마술사 맨드레이크는 1940년대의 인기 있는 연재 만화의 주인공이었습니다. 종종 자신이 가진 마법의 힘을 사용하여, 적들을 뛰어넘고는 했지요.

마술 놀이 2
신비한 마법의 숫자 9

★ **필요한 것:** 1쌍의 손(여러분의 손이요!)

이 마술의 경우, 마법의 숫자 9에 관한 재미난 이야깃거리나 만담을 구상해 두는 것도 좋은 생각입니다!

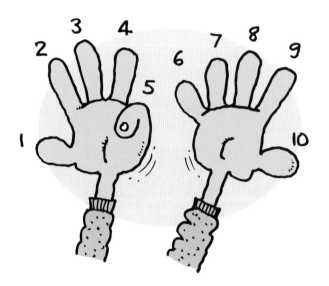

1 여러분은 손가락만을 사용해서 쉽게 9를 곱할 수 있다는 사실을 알고 있나요? 양손을 들어올려 머릿속으로 1부터 10까지 손가락에 숫자를 매깁니다. 왼손 엄지손가락부터 시작해서요.

2 어떤 숫자에 9를 곱하려면, 먼저 그 숫자에 해당되는 손가락 하나를 접으세요. 접은 손가락의 양쪽에 편 채로 남아있는 손가락이 몇 개인가요?
예를 들어, 5에 9를 곱하려면 다섯 번째 손가락을 접고 그 왼쪽과 오른쪽에 있는 손가락의 수를 세어 봅니다. 답은 왼쪽에 4개와 오른쪽에 5개로, 45가 되네요. 정답이군요!

3 아무 배수로나 (물론 10까지죠.) 시험해 보세요. 매번 들어맞다니까요!

마술 놀이 3

끝나지 않은 9의 마법

★ **필요한 것:** 연필 1개, 종이 1장, 계산기 1대(선택 사항)

9가 실은 마법의 숫자라는 환상을 이 숫자 속임수로 계속 이어가 보세요.

① 첫 번째로, 종이에 숫자 9를 적으세요. 그리고 그 밑에 세로줄로 9의 배수들을 적습니다. 즉, 9의 2배, 그리고 3배, 이런 식으로 계속 9의 10배까지 적는 거지요. (앞서 나온 마술을 했다면, 여러분은 9의 배수를 찾는 손쉬운 방법을 알고 있겠죠!) 이 숫자들의 밑에 선을 하나 그어 보세요.

② 위 과정에 나온 모든 수를 합산하면 495가 나와야 합니다. 이 수의 각 자리를 더하면(4+9+5), 답은 18이 되네요. 그리고 이 수의 각 자리를 더하면(1+8), 무엇이 나온다고요? 그렇죠, 9입니다!

③ 세로줄에 더 많은 9의 배수를 추가해도, 결국 언제나 같은 답을 얻게 될 겁니다. 바로 9죠. 참 으스스한 숫자네요. 그렇죠?

마음을 읽는 독심술

★ **필요한 것:** 연필 1개, 종이 1장, 계산기 1대(선택 사항)

마찬가지로, 이 독심술도 마법의 숫자 9를 사용합니다. 지원자의 도움을 받아 공연을 펼치세요. 이 속임수는 여러분의 마술 쇼를 훌륭히 완성시켜 주고, 관객들에게도 깊은 인상을 남길 거예요!

1 마술을 도와줄 지원자에게 무엇이든 적고 싶은 것으로 세 자리 숫자를 적으라고 말합니다. 단, 숫자의 각 자리는 9, 7, 2와 같이 앞자리보다 작은 수가 되어야 해요. 또한 여러분은 지원자가 적은 숫자가 무엇인지 보면 안 됩니다.

2 그리고 지원자에게 첫 번째 숫자의 밑에 같은 숫자들을 반대 순서로 적으라고 합니다. 279가 되겠죠.

3 이제 지원자는 이 숫자를 첫 번째 숫자에서 뺀 다음, 나오는 숫자의 마지막 자리만을 여러분에게 말해 주어야 합니다. 예시의 경우에는 3이 나오네요.

4 이때, 여러분은 나머지 숫자들이 6과 9라고 즉시 말할 수 있습니다. 왜냐하면, 이 수식에서 가운데 자리는 언제나 9이기 때문이죠. 지원자가 어떤 세 자리 숫자를 택했건 간에 말이에요. (미꾸라지 같은 9 녀석이 또 나오는군요!) 그리고 수의 첫째 자리를 알아내기 위해서는 9에서 3을 빼면 된답니다. 6이 되겠죠.

마술 놀이 5

끝나지 않은 독심술

★ **필요한 것**: 연필 1개, 종이 1장, 계산기 1대

독심술과 숫자가 들어가는 마술은 언제나 매력적이지요. 여기, 공연에서 보여줄 또 하나의 손쉽고 효과적인 마술이 있습니다.

1 지원자에게 숫자 하나를 적게 합니다. 숫자의 각 자리가 앞자리보다 작은 수가 되지 않는 한, 어떤 숫자라도 괜찮습니다. (몇 자리 숫자인지는 상관이 없답니다!) 마술이 끝날 때까지 여러분은 지원자가 적은 번호를 봐서는 안 됩니다.

$$15689 \times 10$$
$$\overline{156890}$$

2 숫자에 10을 곱하라고 지원자에게 말해 보세요. 만약 여기서 지원자가 '15689'를 골랐다고 한번 가정해 볼까요?

3 두 번째 숫자에서 첫 번째 숫자를 빼도록 합니다.

$$156890 - 15689$$
$$\overline{141201}$$

4 지원자에게 답에 9를 더하라고 합니다.

5 지원자에게 0을 제외한 숫자 중 원하는 것을 지우고, 남은 자리의 숫자들이 무엇인지 말해 달라고 하세요. 예시에서 만약 가운데 1을 지운다고 가정해보면 남은 숫자는 1, 4, 2, 1, 0이 됩니다.

6 남은 자리의 숫자를 머리 속으로 모두 더합니다. 8이 나오네요. 그런 다음 지원자가 지웠던 숫자가 무엇인지 알아내기 위해 9에서 총합을 빼세요.

7 지원자에게 아까 지웠던 숫자는 바로 1이라고 말해 보세요! 독심술이 또 해내는군요!

 마술 놀이 6
화살표 마수리!

★ 필요한 것: 연필 1개, 종이 1장, (일자로 된) 유리컵 1개, 물 1병, 탁자

이 속임수는 적은 수의 관객들 앞에서 하기에 더없이 좋은 마술입니다.

1 종이를 반으로 접어, 그중 한쪽 면의 한가운데에 화살표 하나를 그립니다.

2 화살표가 그려진 면이 관객을 향하도록 접은 종이를 탁자에 세워 둡니다. 그리고 빈 컵을 종이 앞에 놓으세요. 이제 관객 중 종이나 컵에 손을 대지 않고 화살표의 방향을 돌릴 수 있는 사람이 있는지 도전을 받아보세요.

3 물론, 아무도 이 화살표의 방향을 돌릴 수 없답니다. 도전자가 이전에 이 마술을 본 적이 있지 않은 한 말이에요. 오직 여러분만이 (지금까지 관객들의 눈에 띄지 않았던) 물병을 나타나게 한 다음, 컵에 물을 채워서 화살표의 방향을 돌릴 수 있지요.

4 빠밤! 화살표의 방향이 반대쪽을 향해서 돌아가는군요!

이제… 잠시도 이 양배추에서 눈을 떼지 마세요…. 곧 양배추가 사라질 테니까요!

이럴 수가… 저기, 저게 대체 뭘까요?

알고 계셨나요?
마술사들은 종종 아주 인상적인 연기자가 된답니다. 배우들보다도 더요! 공연이 진행되는 동안 마술사들은 화려한 몸동작을 쓰지요. 그러면서 속임수가 벌어지는 곳이 아닌 다른 곳으로 관객들의 주의를 돌린답니다!

마법이 깃든 종이

★ 필요한 것: 약 가로 30센티미터x세로 4센티미터의 종이띠, 풀, 가위

이 재빠르고 깜찍한 착시 마술을 보여주세요. 이 마술을 보고 난 관객들은
여러분이라면 어떠한 일이든 할 수 있다고 믿을 겁니다!

1 종이띠를 들고 한 번 꼬아
주세요.

2 그리고 양끝을 서로
붙입니다.

3 조심스레 고리의 중심부를
따라서 종이를 자릅니다.
결과가 어떻게 되냐고요? 고리 2개?
아뇨, 맞게 잘랐다면 큰 고리
1개랍니다.

4 이제 여기서 살짝 더 나아가
볼까요? 다시금 중심부를 따라
종이를 자릅니다. 이번엔 진짜로 큰 고리가
될 것이라고 생각하나요? 아닙니다!
이번엔 2개의 고리가 되네요!

정말 할 수 있겠어?

★ 필요한 것: 종이 1장, 미개봉 통조림 1개, 탁자

이 속임수는 어느 관객이든 단 한 번씩만 보여줄 수 있습니다. 할 때마다 수법을
내보여야 하니까요.

1 탁자에 종이를 평평하게 깔고,
통조림을 종이 위에 둡니다.
(딱 한가운데에요!)

2 관객 중 통조림에 손을 대거나 엎어지게 하지 않고 종이를 빼낼 수 있는 사람이
있는지 도전을 권합니다. 아무도 해낼 수 없을 거예요. 물론, 다른 곳에서 이
마술을 본 적이 있지 않은 한 말이에요. 여러분은 해낼 수 있다고요!

3 종이의 긴 쪽을 들고 튜브 형태로
말기 시작합니다. 종이 튜브가
통조림에 도달해도 계속해서 종이를
말아 줍니다. 이때, 통조림에 손대지
마세요. 종이 튜브가 통조림을
여러분에게서 멀어지도록 밀어낼
거예요. 통이 완전히 종이 바깥으로 이동할
때까지 계속 종이를 만 다음, 돌돌 말린 종이
튜브를 흔들며 관객들에게 경례해도 좋습니다!

마술 놀이 9
증발하는 연필

★ 필요한 것: 동전 1개, 뭉툭한 연필 1개

관객들에게 동전을 사라지게 만들 수 있다고 말해 보세요. 단, 완벽히 해내려면
여러분에게 연습이 더 필요할 것 같지만요!

1 만약 여러분이 오른손잡이라면
몸의 왼쪽이, 왼손잡이라면 몸의
오른쪽이 관객들을 향하게끔 섭니다.
관객들에게 가까운 쪽의 손에 동전을 놓고
손을 위로 들어 보세요. 여러분이 연필로
세 번 '톡' 치면 동전이 사라질 거라고
이야기하면서요.

2 다른 한 손으로 연필 끝을 잡고, 여러분의 귀와 비슷한 높이까지 연필을
공중으로 들어 올리세요.

3 아주 크게 "**하나!**"를 외치면서,
연필을 아래로 내려 동전을 톡
칩니다.

하나!

4 같은 행동을 다시 한 번 합니다. 정확히 같은 높이까지 연필을 들어올렸다 내려서 동전을 치며 "**둘!**"이라고 말해 보세요.

셋!

5 이 리듬을 놓치지 않고 한 번 더 연필을 들어올려, 이번엔 손쉽고 재빠르게 귀 뒤로 밀어 넣습니다. 그리고 빈 손을 "**셋!**"하며 내려 볼까요? 그리고 연필이 증발했다는 것을 알아채고는 진짜로 놀랐다는 듯한 얼굴을 하세요.

6 관객들로부터 돌아섭니다. 가능하다면 연필을 보이지 않으면서요. 그리고 가서 마술을 더 연습해야겠다는 둥 중얼거려 보세요.

7 명심하세요! 이 속임수를 성공하려면 수를 셀 때 같은 '리듬'이 계속해서 이어져야 합니다. 동전을 치는 사이사이, 잠시라도 멈추지 마세요. 특히나 세 번째로 치기 직전에는 절대 멈추면 안 돼요!

이봐… 이 파라오님은 만족스럽지 않다고!
피라미드 없애기 마술과
낙타를 야자나무로 바꾸는 건 어디로 갔나?

알고 계셨나요?
공연 마술사들에 관한 첫 기록은 독일 베를린 국립 박물관에 있는 웨스트카 파피루스에 등장합니다. 약 4500년 전에 마술사들이 고대 이집트의 파라오들을 위해 공연을 했다는 증거가 문서로 남아 있지요.

이번에는 정말로 동전이 사라져요…

★ 필요한 것: 동전 1개, 연필 1개, 탁자

이번 마술은 이전 속임수와 멋지게 이어지지만, 만약 여러분이 원한다면 독자적인 마술로 쓸 수도 있습니다.

1 옆구리가 관객들을 향하도록 탁자에 앉아서 공연을 시작합니다. 여러분이 주로 쓰는 손(대부분의 경우에 쓰는 손을 말하지요.)이 오른손이라면 왼손이 관객의 가까이에 있게끔 앉고 왼손이라면 그 반대로 합니다.

2 9번 속임수를 반복합니다. (하지만, 이번에는 앉은 채로요.) 셋을 셀 때, 연필이 증발해버린 게 놀랍다는 듯 행동하며 관객들을 의문스럽게 쳐다보세요. 사람들은 처음에는 놀라겠지만, 곧이어 여러분이 귀 뒤에 꽂혀있는 연필을 보여주면 웃기 시작할 거예요. 여러분도 물론 함께 웃어야 해요!

셋!

3 주로 쓰는 손을 위로 뻗어 연필을 빼냅니다. 이제 여기가 교묘한 속임수 부분이지요. 한 손으로는 연필을 빼는 (그리고 관객 전체가 연필을 빼고 있는 여러분을 지켜보는) 동안, 동전을 쥔 손을 펴 재빠르게 무릎으로 동전을 떨굽니다.

4 동전이 손을 떠나는 대로 다시 주먹을 꼭 쥐세요. (손에는 여전히 동전이 쥐여져 있는 것처럼 관객들을 속여야 하니까요!)

5 "흠흠! 아까는 제가 여러분을 속였지요. 그렇지만 이제는 정말로 동전을 사라지게 만들게요"와 같은 말을 던지세요. 다음으로, 연필을 들어 주먹을 꼭 쥔 손을 톡 치세요. 그리고 손을 펴서 동전이 없어졌다는 걸 보여주세요!

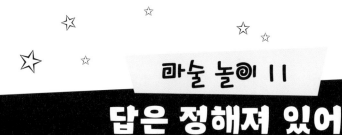

답은 정해져 있어

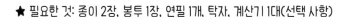

★ 필요한 것: 종이 2장, 봉투 1장, 연필 1개, 탁자, 계산기 1대(선택 사항)

이 재빠른 마술 하나를 보여준다면, 관객들은 분명 여러분에게 특별한 힘이 있다고 믿을 거예요!

1 소품을 탁자에 놓고 관객들 앞에 섭니다. 그리고 마음의 힘에 관한 이야기를 꺼내세요. 텔레파시와 독심술에 대해서요. "제 관객 중에는 언제나 저에게 마음이 활짝 열린 누군가가 있지요"와 같은 말을 던지세요. 그 후, 동작을 멈추고 여러분은 지금 이 순간 관객 중 누군가의 생각을 집어내고 있다고 말하세요. 동시에 관객 중 1명을 가리키면 됩니다.

2 힘껏 생각하는 시늉을 하세요. 그리고 '텔레파시'가 통하는 사람에게, 생각을 전송하는 데 정신을 집중해 달라고 하세요. 숫자 하나가 전해져 오고 있는 것만 같다는 말도 던져 보세요. 그리고 재빠르게 1089를 종이에 적어, 봉투 속에 넣어서 봉합니다.

3 다른 1장의 종이와 연필을 '텔레파시'가 통하는 사람에게 건네고, 숫자의 각 자리가 전부 다른 세 자리의 숫자를 골라 적게 합니다. (숫자 341을 예시로 들게요.) 이제 그 숫자를 뒤집어, 작은 수 쪽을 큰 수 쪽에서 빼도록 해보세요. 혹시나 첫째 자리가 0이더라도 답을 세 자리 숫자로 적으라고 하세요.

4 이제 여러분이 고른 사람은 이 마지막 숫자를 뒤집어 마지막의 두 숫자를 함께 더해야 해요. 답을 다른 나머지 관객들에게 큰 소리로 읽게 합니다. 이제 봉투를 열고 여러분이 적은 숫자도 읽게 하세요. 숫자는 둘 다 1089일 겁니다.

맙소사…. 진짜 으스스하네! 쟨 이걸 어떻게 하는 거야?

5 숫자는 언제나 1089가 되기 때문에, 이 속임수는 같은 관객들 앞에서 한 번씩만 쓰는 게 좋을 거예요!

26

마술 놀이 12
주머니 속의 문제

★ 필요한 것: 카드 1벌, 계산기 1대, 종이 1장, 연필 1개

마법의 힘을 사용하여, 여러분은 관객의 주머니에 숨겨져 있는 카드의 이름을 댈 수 있습니다.

1 지원자를 앞으로 부른 다음, 마음대로 고른 네 자리 수를 종이에 적으라고 합니다. 그중 어떠한 숫자도 여러분은 볼 수 없도록 말이에요. 지켜야 하는 유일한 조건은 4개의 숫자가 서로 달라야 한다는 것뿐입니다. 예시로는 숫자 7539를 사용할 거예요.

2 4개의 숫자를 더한 총합을 적게 합니다. 그리고 계산기로 총합을 원래 숫자에서 빼도록 해 주세요.

3 지원자에게 카드 1벌을 건네주고 답안에 있는 수의 네 자리와 각각 같은 숫자들이 있는 카드 4장을 몰래 빼내게 합니다. (에이스 = 1, 킹 = 0) 각 카드는 각기 다른 슈트(역자 주: 카드의 문양)여야만 해요.

27

4 지원자에게 (킹이 아닌) 카드 1장을 주머니 속에 넣어 두게 합니다. 꼭 주머니가 아니더라도 여러분의 눈에 띄지 않는 곳이면 괜찮아요. 그리고 다른 카드 3장을 건네받으세요. (예시에서는 관객이 클로버 5를 주머니 속에 넣었다고 생각합시다.)

5 이제 마음속으로 카드 3장의 값을 더해야 합니다. 답이 한 자리 이상이라면 한 자리만 남을 때까지 수의 각 자리를 더하세요. (예를 들어, 13은 1+3=4가 됩니다.)

6 마음속으로 이 숫자를 9에서 빼세요. 그러면 지원자의 주머니 속에 있는 카드의 값이 마치 마법처럼 나타날 거예요! 바로 5입니다. 그리고 여러분이 들고 있는 것이 하트, 스페이드, 다이아몬드이기 때문에 카드는 클로버 5가 틀림없어요!

$$7 + 1 + 5 = 13$$
$$1 + 3 = 4$$
$$9 - 4 = 5$$

7 이 깜찍하면서 교묘한 속임수의 유일한 예외는 9에서 카드들의 값을 암산으로 빼서 나온 답이 0일 때뿐입니다. 빠진 카드는 킹이 아닙니다. 바로 9예요!

정말 신기하다!

귀신 같이
교묘한 카드 마술

많은 어린이 마술사들이 카드 속임수를 마술 쇼에 넣습니다.
이건 아주 좋은 생각이에요. 집에 카드가 굴러다니는 경우는 흔하니,
도구에 추가로 돈을 쓸 필요가 없지요. 게다가 이 책에는 여러분이 간단히
익힐 수 있으면서도 근사해 보이는 카드 마술이 잔뜩 있답니다!

누가 거짓말을 하니?

★ 필요한 것: 카드 1벌, 탁자

카드 속임수는 마술사의 특기 분야입니다. 모두들 여러분이 카드를 뒤집고, 섞고, 돌리고 또 텔레파시를 통해 읽어낼 수 있을 거라고 기대하지요. 자, 그러니 어서 그런 것들을 해 보자고요!

1 관객들이 도착하기에 앞서 카드를 섞어 놓으세요. 이때, 맨 아래에 있는 게 어떤 카드인지 반드시 알아 두어야 해요.

2 관객들이 자리에 앉는 대로, 앞에 있는 탁자에 카드를 부채꼴로 펼쳐 놓고서 관객 1명에게 카드 1장을 택하게 합니다. 지원자가 고른 카드의 정체는 여러분이 알면 안 돼요.

3 지원자가 자신의 카드를 보는 동안, 여러분은 부채꼴로 펼쳐진 카드를 다시 접어야 합니다. 그리고 앞면이 아래로 가게끔 고르게 모아 탁자에 놓습니다. 카드들을 같은 양의 카드 2더미로 나누어, 지원자가 가지고 있는 카드를 전체 카드의 윗부분에서 떼어낸 더미에 올려놓으라고 합니다.

4 이제 그 사람에게 카드의 다른 쪽 절반을 이 카드에 올려놓으라고 합니다. 이 말은 즉, 여러분이 기억했던 (방금 전까지만 해도 카드 더미의 맨 아래에 있었던) 카드가 이제는 관객이 고른 카드의 위에 있을 거라는 뜻이에요.

5 지금이 바로 그럴싸한 마술사표 화술이 나올 때입니다. 다른 관객들에게 이 카드는 조금 특별하다는 걸 이야기해 줍니다. 이 카드는 바로 거짓말을 탐지할 수 있다고요!

6 이제 카드를 하나씩 뒤집어가며 본인이 고른 카드인지 물어볼 거라고 지원자에게 이야기해 주세요. 하지만 그 사람은 매번 "아니요"라고 해야 합니다. 자신이 고른 카드를 여러분이 뒤집는다 해도 말이죠. 만약 그 사람이 거짓말을 하면, 카드가 여러분에게 '말해 줄' 겁니다. 사실 여러분은 기억해 두었던 카드를 찾는 것뿐이에요. 그 카드 뒤에 있는 카드가 바로 지원자가 고른 카드일 테니까요.

당신이 거짓말을 하고 있을 거라고 제 마법의 카드 팩이 말해 주네요!

7 정답인 카드를 뒤집었을 때, 상대가 "아니요"라고 말하면 큰 소리로 **"거짓말이군요!"**라고 소리치고는 지원자가 어떤 반응을 보이는지 지켜보세요!

마술 놀이 14

여왕을 찾아라

★ 필요한 것: 놀이용 카드 5장(검은색 4장과 붉은색 퀸 1장), 풀, 빨래집게 1개

이 속임수는 실제로는 착시 현상입니다. 지목받은 관객이 해야하는 건 여왕(퀸)을 찾는 것뿐이죠. 하지만 보기보다 어려운 일이라고요!

1 관객을 마주하기에 앞서, 여러분은 카드를 준비해 놓아야 합니다. 서로 겹치도록 일렬로 배열해 두세요. 첫 번째로 검은색 카드 3장, 그리곤 붉은색의 퀸, 그리곤 네 번째 검은색 카드 이렇게요. 이제 이 순서 그대로 풀로 붙인 다음, 밤새 마르도록 놓아둡니다.

2 관객들이 도착하는 대로, 일렬로 이어 둔 카드를 보여줍니다. 붉은색 퀸을 가리키면서요. 그리고 지원자에게 퀸이 어디에 있는지 기억해 두게끔 합니다.

3 지원자에게 빨래집게를 건네준 다음, 카드들을 뒤집어 모든 카드의 뒷면이 관중석을 향하게끔 합니다. 이때, 지원자에게 빨래집게를 퀸에 꽂아보라고 하세요.

4 일단 지원자가 카드 1장에 집게를 꽂으면, 일렬로 이은 카드들을 뒤집습니다. 너무나도 쉬운 일로 보였던 만큼, 그 사람은 자신이 찍은 카드가 정답이 아니었다는 걸 보고 경악할 거예요! 지원자가 집게를 꽂은 카드는 십중팔구 (직접 시험해 봐도 돼요.) 마지막 카드였을 겁니다.

카드 위의 서커스

★ 필요한 것: 놀이용 카드 1장, 플라스틱 컵 1잔(유리컵 말고요!)

단순한 속임수가 곧 좋은 마술이죠! 이 마술을 연습하면 세계에서 제일 위대한 마술사처럼 보일 겁니다. 그리고 여러분의 입담을 잊지 마세요. 입담이란 바로 마술을 펼치며 들려줄 여러분만의 이야깃거리예요. 곧 여러분만의 독창적인 내용입니다. 여러분이 하는 마술이 아무리 오래된 것이라고 해도 말이죠!

1 관객들을 향해 앞면(즉, 슈트와 번호)이 보이게 카드를 듭니다. 여러분이 오른손잡이라면 왼손으로 드세요. 왼손잡이라면 오른손으로 드시고요. 엄지손가락은 카드의 한쪽 측면에, 가운뎃손가락, 약손가락, 새끼손가락은 다른 쪽 측면에 두어야 합니다. 그리고 집게손가락은 카드 뒤에 내려놓습니다.

2 관객들에게 여러분이 가지고 있는 마법의 힘에 대해 계속 말하면서, 다른 한 손으로는 카드 위로 살살 컵을 올려놓으세요. 컵의 4분의 3이 카드 뒤로 오도록 올려놓습니다. 그리고는 집게손가락을 써서 안정적으로 컵을 듭니다.

3 앞에서 보기에는 마치 컵이 그냥 카드 위에 얹어져 있는 걸로만 보이지요. 완벽하게 균형이 잡힌 채로 말이에요. 실은 여러분의 손가락 위에 있는 건데도 말이죠!

사라진 카드의 미스터리

★ 필요한 것: (맨 위에 있는 카드의 뒷면에 양면 테이프를 붙여 놓은) 카드 1벌, 탁자

관객이 카드 팩에서 어떤 카드를 택하는지는 상관이 없습니다. 그게 어떤 카드건,
여러분이 이 마술로 즉시 사라지게 할 테니까요.

양면 테이프

1 한 손에 카드들을 들고 관객들을
향해 섭니다. 카드를 양손 사이에
부채꼴로 펼쳐 관객이 카드의 앞면을 볼
수 있도록 합니다. 이렇게 하면 맨 위
카드의 뒷면에 있는 테이프 조각도
가려지지요!

2 관객 중에서 1명을 골라 카드를
살펴보게 합니다. 그중에서 카드
1장을 꺼내게 하세요.

3 여러분이 지목한 지원자가 카드
1장을 택했다면, 카드로 된
부채는 접고, 카드를 모아서 똑바로 드세요.
카드의 앞면은 계속해서 관객들에게 보여주면서요. 만약
왼손잡이라면 카드를 오른손에 들고, 오른손잡이라면 카드를
왼손에 드세요.

4 그동안, 지원자는 자신이 택한 카드를 (여러분을 제외한) 모두에게 보여주어야 합니다. 이제, 남은 한 손으로 지원자가 들고 있는 카드를 다시 가져오세요.

여러분은 앞면을 보지 않은 채, 과장된 몸짓으로 카드 뭉치 속으로 돌려놓습니다. 양면 테이프의 바로 위에다가요! 마치 카드가 1장만 있는 듯이 보이도록 반드시 정확히 겹쳐서 놓습니다.

5 이제, 탁자에 카드의 앞면이 아래로 가도록 놓고 1장씩 나눕니다. 지원자가 선택한 카드를 사라지게 할 거라고 모두에게 이야기해 주세요. 카드를 탁자에 펼치기 전에, 마법을 걸기 위해 **"비비디 바비디 부!"**라고 말하면서 손을 흔들거나 손가락을 튕겨보세요. 그리고 지원자에게 아까 택한 카드를 찾아보라고 합니다. 물론 그 카드는 사라졌기 때문에 찾을 수 없지요! 박수에 답하기 위해 허리 숙여 인사하시죠!

'비비디 바비디 부' 좋아하시네! 뭔가 속임수를 쓴 게 틀림없어!

6 다른 방식을 원한다면, 카드를 그대로 두 손에 들고 있어도 괜찮습니다. 그리고 카드를 나눈 다음, 1장씩 세며 탁자 위로 꺼내 놓으세요. 물론, 카드는 51장(역자 주: 카드 1벌에는 카드 13장을 한 슈트로 하여 총 4 슈트가 들어있으므로 총 52장)만이 있을 거예요. 관객이 택한 카드는 '증발'했을 겁니다.

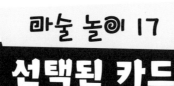

선택된 카드

★ 필요한 것: 카드 1벌, 탁자

이 마술에는 약간의 준비가 필요합니다. 하지만 제대로 한다면 결정타나 다름없지요!

1 카드를 색깔별로 나누세요. 붉은색 카드와 검은색 카드를 각각 1더미씩 만듭니다. 그리고 하나의 더미를 다른 더미 위에 놓아둡니다. 그럼 이제 전체 카드는 절반씩 두 가지 색으로 나누어지게 되겠네요. 자, 이제 관객들을 데려올 때가 되었군요!

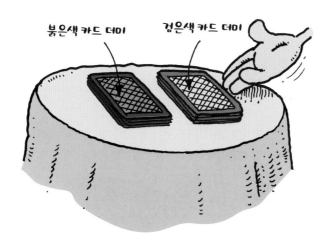

붉은색 카드 더미   검은색 카드 더미

2 카드들을 집어 들고 앞면이 아래로 가게끔, 오른손잡이라면 왼손에, 왼손잡이라면 오른손에 듭니다. 다른 한 손으로는 여러분의 제일 가까이에 있는 카드부터 엄지손가락으로 획획 뒤집어 넘기기 시작합니다. 이렇게 한다면 앞면을 볼 수 있는 건 여러분뿐이지요. 맨 아래부터 위쪽으로 카드들을 획획 뒤집어 넘기세요.

카드 위에 써 있는 숫자와 슈트는 사실 보지 않아도 돼요. 언제 색이 바뀌는지만 볼 겁니다. 그리고 카드를 넘기는 동안, 카드를 같은 양의 더미 2개로 나눌 거라고 관객들에게 이야기해 줍니다.

3 색이 변하면 동작을 멈추고 카드를 나눕니다. 서로 색이 다르지만 같은 양의 카드 2더미라는 사실을 알고 있는 건 여러분뿐이에요. 관객들은 그저 여러분이 카드를 대략 같은 양의 카드 2더미로 나눴다고만 생각하겠죠. "카드 2더미가 서로 같은 양이 된 것처럼 보이네요"라고 여러분이 말을 던지기라도 한다면 특히나 더.

4 마술을 도와줄 지원자를 찾습니다.

5 카드 1더미를 (붉은색 카드 더미라고 칩시다.) 가져옵니다. 카드의 앞면이 아래로 가게끔 두 손에 펼치고는, 지원자에게 그중 1장을 가져가서 기억해 두라고 하세요. 지원자가 원한다면, 나머지 관객들에게도 카드를 보여줄 수 있습니다.

6 지원자가 이 과정을 하는 동안, 여러분은 갖고 있던 카드들을 밑에 놔두고 다른 한 더미를 집어 듭니다. (이 경우엔 검은색 더미겠네요.) 이번 더미도 같은 방식으로 펼쳐 둔 다음, 지원자에게 고른 카드를 이쪽 절반의 카드 속으로 넣으라고 말합니다.

7 다시 1벌이 되도록 카드를 모아 두고, 혹시 카드를 나누고 싶은지 물어보세요. 지원자가 나누고 싶은 만큼 몇 번이고 카드들을 나누어도 된답니다. (붉은색 카드를 검은색 쪽 절반의 카드 속으로 넣었기 때문에, 카드가 몇 번 나누어지는지는 상관이 없습니다. 카드를 눈으로 훑기 시작하면, 같은 색 카드가 모인 카드 덩어리들이 보이실 겁니다. 검은색 카드 덩어리 속 붉은색 카드가 1장 보인다면, 여러분은 이게 바로 관객이 선택한 카드라는 걸 눈치챌 거예요.) 단, 지원자가 카드를 섞게 하지는 마세요. 카드를 서로 섞어버리면 선택된 카드를 찾을 수 없게 될 테니까요!

8 선택된 카드가 카드 더미의 맨 위나 맨 아래로 오게 될 가능성도 있습니다. 검은색 카드 덩어리 속에 붉은색 카드가 단 1장도 보이지 않는다면, 맨 위나 맨 아래에 있는 카드들을 확인해 보세요. 몇몇 검은색 카드 옆에 있는 1장의 붉은색 카드가 눈에 띈다면, 그게 바로 선택된 카드입니다.

마지막으로 한 번만

★ 필요한 것: 카드 1벌, 탁자

이번에는 그럴싸한 입담이 필수적인 마술이군요. 혹시나 여러분이 마술을 계획대로 진행하는 데 난관을 겪는 것처럼 보여도, 관객의 흥미와 관심을 계속해서 끌어야 하니까요. 또한 이번 마술은 탁월한 수학 능력도 필수적이지요! 계속 읽어보세요….

1 마술을 시작하려면, 줄마다 카드를 3장씩, 각 카드 위로 다음 줄의 카드가 겹치게끔 총 7개의 가로줄로 카드들을 나눕니다. 왼쪽에서 오른쪽으로 (이 부분이 중요하죠!) 그리고 앞면이 위로 가게끔 탁자 위로 펼쳐 놓으세요. 반드시 각 카드의 숫자와 슈트가 여러분에게 보이도록 해둡니다. 필요 없는 나머지 카드들은 한쪽으로 밀어 두세요.

2 지원자는 말이나 손짓 대신 마음속으로만 카드를 1장 골라야 합니다. 여러분이 정답을 즉시 알아맞춰 버릴 테니까요. 그리고 여러분은 마법의 힘으로 찾는 연기를 펼치며, 카드들을 관찰해 보세요.

3 지원자에게 카드를 마법의 힘으로 감지하는 데에 난관을 겪고 있다고 말해주세요. 어느 세로줄에 포함돼 있는지 말해달라고 하면서요.

4 지원자가 어느 세로줄에 카드가 있는지 알려주면, 3개의 세로줄로 나누어진 카드 더미를 각각 집어 듭니다. 반드시 지원자가 고른 카드가 들어간 세로줄 더미가 나머지 2개의 세로줄 더미 사이로 들어가게끔 카드를 집어야 해요.

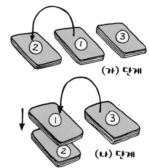

(가) 단계

(나) 단계

5 카드를 다시 배분하세요. 정확히 앞서 했던 것처럼요. 이마를 찡그리고는 정답 카드를 찾는 척합니다. 여전히 찾아내지 못하는군요! 지원자에게 다시 어느 세로줄에 카드가 들어 있는지를 물어본 다음, 4단계를 반복합니다.

6 5단계를 반복합니다.

7 이쯤 되면, 이 상황이 매우 답답하다는 듯 행동해야 해요! 그리고서는 관객들에게 마지막으로 한 번만 시도해보겠다고 합니다.

8 앞서 했던 것처럼 카드를 배분하기 시작합니다. 단, 이번에는 카드를 놓는 동안 숫자 11에 도달할 때까지 혼자서 소리 없이 마음속으로 수를 세어보세요. 그리고 갑자기 동작을 멈추고는, 안도의 미소를 띠우고 카드를 들어올리세요. "바로 이 카드로군요!"라고 사람들에게 알리면서요.

9 이 속임수는 수학에 의거하고 있어서, 여러분은 책의 안내를 정확히 따라야만 해요. 마술은 매번 들어맞을 겁니다만, 시험해 보고자 혼자서 해보는 것도 좋은 생각이죠!

재잘재잘 말하는 카드

★ 필요한 것: 조커가 없는 카드 1벌, 탁자

카드의 '말'에 귀를 기울이면, 여러분은 카드 더미 속에서 어떠한 카드도 찾아낼 수 있답니다….

1 여러분에게는 카드의 '말'을 듣는 특별한 능력이 있다고 관객들에게 이야기해 주세요. 물론, 관객들에겐 아무런 말도 들리지 않겠지만요!

2 지원자에게 카드를 꺼내서 앞면이 위로 가게끔 탁자에 펼쳐 놓아 달라고 부탁합니다. 그 사람은 여러분이 멈추라고 말할 때까지 카드를 가로줄로 펼쳐 놓아야 합니다. 여러분은 가로줄로 놓이는 카드의 수를 머릿속으로 세어야 해요. 일곱 번째 카드를 마음속으로 기억해 두면서요. 지원자가 스물여섯 번째 카드에 도달했을 때 멈추게 한 다음, "그 정도면 1장을 선택하기에 충분한 양의 카드인 것 같네요"와 같은 말을 던지세요.

3 이제 전체 관객들에게 탁자 위 펼쳐진 카드에서 무작위로 1장을 고를 거라고 말합니다. 고민하는 척하다가 일곱 번째 카드를 가리킨 뒤, 지원자에게 카드명을 공표해 달라고 하세요. 그리고 관객들에게는 '말하는' 카드들의 도움을 받아 여러분이 고른 카드를 다시 찾아낼 수 있을 거라고 이야기해 주세요.

4 카드를 지원자가 놓았던 순서 그대로 집어 드세요. 두 번째 카드를 첫 번째 카드 위에 놓는 식으로, 계속 카드를 쌓으면서요. 겹겹이 쌓인 카드를 앞면이 아래로 가게끔 탁자에 두고, 나머지 카드도 앞면이 아래로 가게끔 그 위에 둡니다.

5 앞면이 위로 가고, 세로줄로 놓이도록 천천히 카드를 꺼내 놓으세요. 그리고 관객을 향해 카드가 여러분에게 '말을 하고 있다'고 외치면서 첫 번째 카드의 숫자를 기억해 둡니다. 계속해서 카드를 놓으면서, 그 숫자부터 시작해서 10에 도달할 때까지 소리 없이 세어 봅니다. 예를 들어, 만약 첫 번째 카드가 4라면 다음에 나오는 카드는 5, 그 다음 카드들은 6, 7, 8, 9, 10으로 치는 거죠. 카드 위에 쓰인 숫자가 실제로 뭐든 간에 말이에요.

6 일단 숫자 10에 도달하면, 또 다른 세로줄을 시작하세요. 시작하는 동안 계속 카드가 여러분에게 '말하고 있는 척'하면서요. 만약 여러분이 세로줄에서 가장 먼저 뒤집는 카드가 10이거나, 킹이나 퀸과 같은 페이스 카드라면, 10으로 간주됩니다. (에이스는 1로 간주해요.) 그리고 여러분은 다음 세로줄을 시작해야 해요.

7 총 3개의 세로줄을 만든 다음, 동작을 멈춥니다. 카드를 빤히 쳐다보면서 말을 '듣는 척'하는 동안, 각 세로줄의 맨 위에 있는 카드 3장을 머릿속으로 합산합니다. 어쩌면 10과, 3과, 2일 수도 있겠군요. 그렇다면 합산은 15가 됩니다. 이 숫자가 바로, 지원자가 고른 카드를 찾는 열쇠이지요!

8 이제 카드들이 지원자가 고른 카드의 위치를 말해주었다고 관객들에게 이야기하고, 지원자에게 총합만큼의 카드를 꺼내 보라고 말하세요. 예시에서는 15장이 되는군요. 열다섯 번째 카드가 여러분이 고른 카드일 거예요! 모두가 감탄할 겁니다!

9 이 마술을 몇 번 정도 혼자서 연습해 보거나 아니면 부모님께 보여 드리면서, 실제로는 얼마나 쉬운지 직접 느껴 보세요!

비밀스러운 선택

★ 필요한 것: 카드 1벌, 탁자

이번 마술에서, 여러분은 관객 1명에게 카드 1장을 골라 놓도록 합니다. 겉보기에는
무작위로 고른 것 같지만, 사실 여러분은 이미 관객이 고른 카드의 정체를 알고
있지요!

1 공연을 하기에 앞서, 카드의 맨 위에서부터 열 번째가 되는 카드를 기억해
둡니다.

2 지원자에게 카드를 주며 마술을 시작합니다. 그리고 10에서 20 사이의 숫자를
하나 떠올린 다음, 같은 수만큼의 카드를 앞면이 밑으로 가게끔 겹겹이 쌓아서
탁자에 놔두라고 하세요. 나머지 카드들은 옆으로 치워도 됩니다.

3 이제 지원자는 자신이 고른 숫자를 구성하는 각 자리의 수를 함께 더해야
합니다. 예를 들어, 만약 고른 숫자가 14라면 1과 4를 더해 5를 구합니다.
그리고 지원자는 같은 숫자만큼의 카드 5장을 겹겹이 쌓여있는 카드 더미에서 꺼내어
탁자에 놓은 다음, 어떤 카드인지 누구에게도 말하지 않고 다섯 번째 카드를 봅니다.
이 카드가 바로 여러분이 마술을 하기에 앞서 기억해 둔 카드일 거예요. 원래 열
번째였던 카드요.

4 여러분은 지원자의 마음을 읽는 척합니다. 어쩌면 극적인 분위기를 더
고조시키기 위해 카드를 종이에 그리는 것도 괜찮겠군요. 혹은 그 사람에게
카드를 다시 카드 더미 속에 넣어 섞으라고 할 수도 있겠죠. 지원자가 여러분에게
카드를 건네주면, 그 사람의 '지문'을 읽는 척, 카드를 '골라'냅니다!

5 어떤 식으로 마술을 하든 간에 여러분이 내놓은 답은 언제나 정답일 거예요!

마술 놀이 21

초능력 카드

★ 필요한 것: 카드 1벌, 봉투 1장, 또 다른 1벌에서 나온 카드 1장

이번 마술에서 여러분은 관객들 앞에서 잘 봉해진 봉투를 들어올린 다음, 그 안에
카드 1장이 들어 있다는 걸 말해 줍니다. 그리고 여러분은 (겉보기엔 무작위로) 카드를
1장 고를 겁니다. 이럴 수가, 봉투 안에 들어있는 카드와 일치하네요!

1 관객들이 도착하기에 앞서, 또 다른 1벌에서 가져온 1장의 카드(이하 카드 2)와
일치하는 카드(이하 카드 1)를 전체 카드 속에서 찾아 둡니다. 카드 1을 카드
더미의 맨 위에서부터 열 번째 자리에 놓으세요.

2 카드 2를 봉투 속에 넣어 봉합니다.

3 봉투 속에 카드 1장이 들어있다는 걸 관객들에게 말해주며 이 마술을 소개한
다음, 지원자에게 봉투를 들게 합니다.

4 전체 카드를 지원자에게 건네주고는 '마술 놀이 20'에서 했던 것처럼 카드
1장을 고르게 합니다. 그 사람이 꺼내는 마지막 카드가 (당연히) 봉투 속에 들어
있는 카드와 일치하는 카드 1이 될 겁니다.

5 지원자에게 봉투를 열어보게 하세요.
결과를 알고 나면, 모두 여러분에게
특별한 힘이 있다고 믿을 거예요.

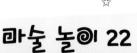

엎고 또 뒤집고

★ 필요한 것: 카드 1벌, 탁자, 지팡이 1개(선택 사항)

이 속임수를 써서 관객을 마술사로 만들어 보세요. 관객은 카드 1장을 뽑은 다음, 카드 더미 속에 다시 넣고 마법 지팡이를 흔들 겁니다. 그러면 빠밤! 그 사람이 뽑은 카드는 카드 더미 속에서 마법의 힘으로 뒤집힐 거예요!

1 관객들이 도착하기에 앞서, 카드의 양끝이 앞뒤 구분없이 똑같아 보이도록 맨 아래에 있는 카드를 뒤집어 둡니다.

2 관객들 중에서 1명을 고릅니다. 그리고 카드 더미를 두 손에 들고 앞면이 아래로 가게끔 부채꼴로 펼칩니다. 카드의 맨 아래에 홀로 뒤집힌 카드가 보이지 않도록 조심하면서요. 지원자에게 카드를 1장 골라서, 여러분을 제외한 관객 모두에게 보여주라고 합니다.

3 지원자가 관객들에게 고른 카드를 보여주는 동안, 부채꼴로 펼쳤던 카드 더미를 한 쪽 손바닥에 놓고 접은 다음 몰래 뒤집으세요. 그리고 맨 아래의 뒤집힌 카드가 이제는 카드들의 맨 위로 오게끔 합니다. 여러분이 이렇게 하고 있다는 걸 아무도 눈치채지 못할 만큼 매끄럽게 하려면, 이 동작을 연습해 두어야 해요.

4 지원자에게 여러분이 들고 있는 카드 더미 속 어디든 놓고 싶은 곳에, 앞면이 아래로 가게끔 카드를 놓으라고 하세요. 그 사람이 한 일은 (물론) 자신이 고른 카드를 카드 더미 속에 거꾸로 놓은 것뿐이지요.

47

이제… 말해봐요… 비비디 바비디 부! 그리고 이게 개구리로 변하지 않기만을 바라자고요!

5 이제, (혹시 가지고 있다면) 여러분이 가진 마법 지팡이나 아니면 여러분이 말해줄 어떤 마법 주문의 도움을 받아 직접 마술을 펼치게 될 거라고 지원자에게 말해주세요. 그리고 카드를 들고 있는 손을 뒤집으세요. 손바닥이 아래로 향하게끔요. 다음으로, 카드를 반듯하게 모아 탁자에 둡니다. 이제 카드 더미는 다시 오른쪽 끝이 위로 올라와 뒤집힌 카드가 맨 아래로 가게 되었습니다. 지원자가 고른 카드 또한 뒤집혔지요.

6 일단 지원자가 카드 더미에 마법의 주문을 걸었다면, 여러분은 카드를 탁자에 부채꼴로 펼쳐도 되고 그 사람이 고른 카드가 나올 때까지 손에서 손으로 주거니 받거니 해도 됩니다. 지원자의 카드는 당연히 다른 카드들 속에서 앞면이 위로 가게끔 뒤집혀 있을 겁니다. 관객들에게 카드를 보여주세요. 지원자가 마술에 성공한 걸 축하해주며, 그 사람과 함께 터져 나오는 박수를 받으세요!

언젠가… 우리 마법사들은 모자에서 토끼를 끄집어내는 걸로 돈을 벌 거라고!

알고 계셨나요?
영국에서는 1700년대 초반에 마술이 존경받을 만한 문화 산업으로 여겨졌습니다. 마술사들은 가정집에서, 개인 주택에서, 마을 축제에서나 혹은 극장에서도 공연을 했지요.

이미지를 떠올려 봐

★ 필요한 것: 종이 상자에 든 카드 1벌, 조그만 거울 1개, 풀, 탁자

이번 마술은 완벽한 준비가 꼭 필요합니다!

1 관객들이 도착하기에 앞서, 작은 손거울을 카드 상자의 뒷면에 풀로 붙여 둡니다. 어쩌면 밤새 마르게 두어야 할 지도 모르겠네요. 그리고 카드를 상자에 넣어 두세요. 상자 뚜껑을 잘 닫은 채로요.

2 공연을 시작할 때에, 거울이 여러분을 향하게끔 한 손으로 카드 상자를 듭니다. 다른 한 손으로는 카드들을 상자에서 빼내어 앞면이 아래로 가게끔 탁자 위에 부채꼴로 펼칩니다. 상자는 계속 쥐고 있으면서요.

3 지원자에게 카드 1장을 선택한 후, 잘 기억한 다음 여러분에게 건네 달라고 합니다. 카드의 앞면은 여러분이 볼 수 없도록 돌려져 있어야 해요. 여러분은 계속 상자를 쥐고 있기 때문에, 이 마술을 위해 고안해 둔 이야기를 할 때 그 이유를 잘 언급해 둬야 할 지도 모르겠군요.

4 카드를 받아 듭니다. 여전히 앞면은 반드시 관객들과 지원자를 향해 돌려진
상태로요. 그리고 "카드의 슈트랑 번호를 감지하려면 마법 상자의 도움이
필요해요"라고 말하세요. 그리곤 카드를 상자 뒤로 옮겨서, 여러분이 거울로 카드를
얼핏 볼 수 있게 합니다.

5 지원자가 본인이 선택했던 카드에 정신을 집중하고 마음 속 이미지를
여러분에게 보내도록 하면서, 그 주제로 계속 이야기가 이어지게 합니다. (무슨
카드인지 알게 되는 즉시!) 상자를 탁자에 놓으세요. 거울이 확실히 보이지 않게끔
하면서요. 그리고 카드를 상자 위에 두고, 상자가 마법의 힘을 발산하게 하세요.
다음으로, 지원자가 선택한 게 어떤 카드인지 관객들에게 의기양양하게 말해 줍니다!

바로 그거예요….
있는 힘껏 카드에 정신을 집중해 보세요….
이제 보입니다…. 카드가 보이네요!

6 같은 관객들 앞에서 이 속임수를 여러 번 하지는 마세요. 여러분이 왜 상자를 꼭
붙잡고 있는지 누군가가 물어보기 십상이니까요. 어쩌면 누군가에게 거울을
들킬 수도 있고 말이죠!

올라오거라, 카드여!

★ 필요한 것: 카드 1벌

여러분이 지명하는 카드는 어떤 것이든 카드 더미 밖으로 올라오게 되지요.

1 지원자에게 카드를 섞게 합니다.

2 지원자가 다시 여러분에게 카드를 건네주면, 고르게 하나로 모읍니다. 앞면이 아래로 가게끔, 맨 위에 있는 것이 어느 카드인지 마음 속으로 기억해 두면서요. 어쩌면 카드는 다이아몬드 10일 수도 있겠죠.

3 한 손(오른손잡이라면 왼쪽, 왼손잡이라면 오른쪽)에 카드를 수직으로 들어 관객들을 향하게끔 합니다.

이 손가락으로 밀어서 위로 올리는 거죠.

4 다른 한 손을 카드들 뒤에 놓고 집게 손가락을 카드들 위에 내려놓습니다. 이제 여러분의 새끼손가락(약손가락이 더 편하다면 그쪽)이 맨 위에 있는 카드(다이아몬드 10)의 뒷면에 닿을 때까지 쭈욱 펴세요.

5 이제 여러분이 해야할 일은, 같은 카드를 지명해서 여러분이 하라는 대로
올라와 달라고 하는 것뿐이에요! "다이아몬드 10이여…. 이제 잠에서 깨어 이리
올라오거라!" 이렇게 말하면서, 새끼손가락이나 약손가락으로 맨 위에 있는 카드를
위쪽으로 밀어 올리세요.

천천히 밀어 올려 보세요. 말을 하는 동안 반드시 집게손가락이 함께 위로
올라오도록 하면서요. 관객들이 앉아 있는 곳에서 보자면, 마치 여러분의 집게
손가락이 카드로 하여금 잘 올라오도록 독려하고 있는 듯이 보일 겁니다. 마치 카드
뭉치의 한가운데에서 카드가 나오고 있는 듯이 보이기도 할 거고요. 쉽지만 효과적인
방법이지요!

모두 이리로 들어와

★ 필요한 것: 카드 1벌, 모자 1개

준비하기도, 실전에서 보여주기도 쉬운 또 하나의 간단한 마술이군요. 공연의 초반에 선보이기 좋은 속임수죠.

1 마술을 도와줄 지원자를 구합니다. 그 사람에게 카드 중에서 반을 줍니다.

2 여러분 눈앞에 있는 바닥에, 윗면이 아래로 가게끔 모자를 거꾸로 내려 놓습니다. 카드를 1장 꺼내서 모자의 중심부에서 4피트(1.2미터) 위로 드세요. 그리고 여러분이 지원자보다 더 많은 카드를 모자 속으로 넣을 수 있다고 호언장담해 보세요.

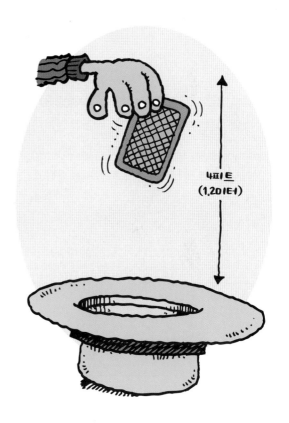

4피트
(1.2미터)

3 카드를 1장 꺼내서 짧은 쪽의 모퉁이를 잡고 듭니다. 카드를 어떻게 모자 속으로 떨어뜨릴지 단순히 시범만 보이고 있는 중이지요. 만약 카드를 실제로 손에서 놓는다면, 아마도 모자 밖으로 떨어져서 모두들 웃어버릴 거예요! 그래도 괜찮아요. 솔직히 말하자면, 그거야말로 굉장히 바람직한 상황이지요!

4 이제 지원자가 갖고 있는 카드들을 모자 속으로 한 번에 1장씩 떨어뜨리게 합니다. 대부분의 카드는 모자를 빗겨나 바닥으로 떨어질 거예요. 그 사람이 카드를 모두 떨어뜨리면, 모자 속에 들어간 카드의 수를 세어보세요. 그리고 모자 속으로 들어가지 못한 카드를 주워 들고 지원자의 실력이 얼마나 별로인지 한바탕 수선을 피워볼까요!

5 자, 이제 여러분이 솜씨를 뽐낼 차례입니다. 아까 관객들에게 한 말도 증명하면서 말이죠! 카드를 반듯하게 하나로 모아 바닥을 향하도록, 나머지 손가락과 엄지손가락으로 듭니다. 1장씩 떨구면, 카드는 (앞서 그랬던 것처럼 날아오르거나 공중을 돌지 않고) 일자로 떨어질 거예요. 여러분이 모자의 바로 위에 서 있다면 10장 중 9장은 모자 속으로 들어간다고 보면 됩니다!

딱 너만큼

★ 필요한 것: 카드 1벌, 탁자, 좋은 수학 능력!

처음에는 이 마술을 이해하기 어려울 수도 있겠네요. 그럴 때는 지시를 읽으면서 연습해 보는 게 제일이지요.

1 카드들을 탁자에 놓고, 지원자에게 1뭉치를 빼내게 합니다. 그를 지켜보며 가져가는 카드가 몇 장이나 되는지 눈대중으로 짐작해 보세요.

2 지원자에 이어 여러분도 카드 1뭉치를 가져갑니다. 이때, 반드시 지원자가 가져간 카드보다 많이 가져가야 해요.

3 여러분이 등을 돌린 동안, 지원자가 카드의 수를 세어 보게 합니다. 대신, 속으로 소리없이 세어 봐야 해요. 여러분 또한 등을 돌린 채로, 속으로 소리 없이 그리고 정확하게 여러분이 가진 카드를 세어 봅니다.

4 여러분이 가지고 있는 카드를 16장이라고 해 볼까요? 그리고 이제 여러분의 수학 능력을 사용해야 해요. 카드의 총수에서, 1부터 5 사이의 숫자를 하나 골라 빼세요. 만약 여러분이 4를 뺀다고 해 봅시다. 그러면 결과는 12가 되죠.

5 이제 여러분이 지원자에게 할 말은 이것이죠. "제게는 '딱 당신이 갖고 있는 만큼의 카드' 더하기 '4(여러분이 선택한 1부터 5 사이의 숫자)장의 여분'과 '당신의 카드를 12(여러분이 구한 새로운 총합)장으로 만들기에 충분한 남은 카드'가 있다는데 한 표 걸지요"

6 여러분이 가진 카드 더미에서, 지원자가 가진 카드의 수만큼 꺼내서 주세요. 즉, 지원자가 카드를 10장 가지고 있다면, 여러분도 카드를 10장 꺼내서 펼치세요. 이제 "이게 당신이 갖고 있는 수만큼의 카드들이에요"라고 말한 뒤, 4장을 더 꺼내세요. 꺼내는 동안 큰 소리로 카드를 세면서요. "이게 4장의 여분이네요" 라고 말한 다음, 마지막 카드까지 꺼내서 펼칩니다. 예시의 경우에는 2장이 되어야 하겠네요. 이 '2장의 카드' 더하기 '지원자가 애초에 갖고 있던 카드'는 12장으로 합산됩니다.

7 지금은 마술이 복잡해 보여도, 연습을 거듭할수록 쉬워진답니다. 그리고 여러분은 이 속임수가 매번 들어맞는다는 걸 알게 될 거예요!

없어진 것은…

★ 필요한 것: 카드 1벌, 탁자, 의자 1개

이 속임수를 펼치는 동안에는 정신을 집중해야만 할 거예요. 하지만 성공적으로 해낸다면, 여러분은 실력 좋은 마술사라는 명성을 얻게 될 겁니다.

1 어떤 것이든 같은 슈트에 속한 카드 9장을 지원자에게 건네 주세요. 에이스부터 9까지의 카드를요.

2 지원자에게 건네준 카드를 섞게 합니다. 카드를 섞는 동안, 여러분은 탁자를 등지고 자리에 앉아있어야 해요.

3 지원자에게 줄마다 카드를 3장씩, 총 3개의 가로줄로 놓으라고 말하세요.

4 이제 카드 1장을 빼내서 (여러분을 제외한) 관객들에게만 보여준 다음, 호주머니 속에 넣어 두라고 하세요.

5 지원자는 이제 줄마다 놓인 카드를 합산해야 합니다. 빼낸 카드가 있었던 빈 자리는 무시하세요. 예시의 답은 13, 15, 10이 되겠네요.

6 그리고 이제 답에 나온 숫자의 각 자리의 수를 합산합니다. 예시는 1+3+1+5+1+0=11이 되겠군요. 지원자가 여러분에게 11이라는 총합을 말해줍니다. 그러면 여러분은 카드를 보거나 관객을 향해 몸을 돌리지도 말고, 지체없이 손으로 머리를 짚으며 "당신은 카드 7을 빼내셨군요"라고 말하세요.

7 여러분은 간단한 수학적 방식으로 이 답을 추정해 낼 수 있습니다. 언제나 '숫자 9 혹은 9의 배수'에서 '지원자가 여러분에게 주는 숫자'를 빼는 거예요. 예를 들어, 9에서 11을 뺄 수는 없으니, 8보다 큰 수는 18에서 뺍니다. 고로, 18-11=7이 되네요. **빠밤!** 여러분이 내놓은 답이 정답이군요! (만약 숫자가 17보다 크다면 27에서 빼면 돼요!)

무시무시한 텔레파시

★ 필요한 것: 카드 1벌

연습을 통해 완벽하게 익힌다면, 이번 착시 마술은 정말 인상적으로 보일 거예요. 단, 여러분은 한 번에 2~3장의 카드를 기억할 수 있어야 합니다. 공연의 시작에 걸맞은 훌륭한 마술이지요…. 여러분을 아주 멋져 보이게 해줄 거예요!

1 먼저, 지원자에게 카드를 섞고서 다시 여러분에게 건네 달라고 부탁합니다. 그리고 여러분이 텔레파시를 사용해서, 관객들이 보는 정면의 카드 맨 앞장을 '읽어 낼' 거라고 이야기해 주세요.

2 이제 성공적인 마술의 비밀을 알려드릴 차례네요. 여러분이 할 일은 두 가지가 있습니다. 첫째로, 카드를 여러분의 등 뒤에 둡니다. 그리고 반드시 관객이 여러분을 보지 않는 틈을 타, 맨 앞의 카드를 빼서 카드들의 맨 뒤로 옮겨놓습니다. 카드가 반대 방향을 향하도록 말이죠.

3 다음에 할 일은 시작 전에 시험을 해 보는 것입니다. "이제부터 보여 드리려는 건 바로 이런 거지요!"라고 관객들 모두에게 말을 던지면서 말이에요. 반대로 된 카드가 관객을 향하게끔 카드 뭉치를 들어올려 좀더 세세히 설명해 주세요. 이때, 아직 정답인 카드를 맞추지는 마세요. 대신 여러분을 향하고 있는 정답 카드를 잘 기억해 둡니다.

4 그리고 이제 시작하세요! 전체 카드를 여러분의 등 뒤에 숨긴 다음, 기억해 뒀던 카드를 전체 카드의 다른 쪽 끝으로, 다시 반대 방향을 향하게끔 (2단계에서 한 것처럼) 움직입니다. 그리고 바꾼 카드가 관객들을 향하도록 들어올린 다음, 관객에게 보이는 카드의 이름을 바르게 대세요. 여러분이 카드 뭉치를 위로 올려 관객에게 보여줄 때마다, 여러분 쪽을 향하게 되는 건 바로, 여러분이 관객에게 보여줄 다음 카드이자, 여러분이 바르게 '맞춰 낼' 카드인 겁니다. 카드를 잘 기억해야만 해요!

5 이 마술을 능숙하게 하려면, 관객이 당신을 믿도록 만들어야 하며, 카드를 너무 바로 맞추지는 말아야 합니다. 관객들이 눈 앞에 보이는 카드에 관심을 집중하는 동안, 그들의 마음을 읽는 척하세요. "붉은색 파동을 지닌 카드로 느껴지네요"라거나, "하트 계열 작은 수의 카드들 중 하나네요" 라고 말해보세요. 카드를 '떠올리는' 동안에는 비어있는 다른 한 손으로 이마를 짚으세요.

6 마술에서 3~4장 정도의 카드가 나왔을 때쯤, "이걸로 마지막 카드가 될 것 같군요. 이렇게나 힘껏 정신을 집중하면 언제나 두통이 생기거든요"라고 한 뒤 마무리하세요.

마음을 읽으며 느껴지는 파동 때문에, 그리고 심오하게 정신을 집중하는 바람에 두통이 생기네요!

이걸로 마지막 카드입니다!

지금 이 순간

★ 필요한 것: 카드 1벌, 손목시계 1개

이 마술을 시작할 때에는, 《이상한 나라의 앨리스》와 그 이야기에 등장하는 '하얀 토끼'에 관한 언급을 하는 게 좋을 것 같네요. 언제나 손목시계를 들여다보며, "난 늦었어, 늦었다고! 아주 중요한 약속에 말야"라고 말하는 바로 그 하얀 토끼 말이에요. 이번 속임수에서는 여러분이 가진 손목시계를 사용할 겁니다.

1 4명의 관객에게 각자 카드를 1장씩 선택하게 합니다. 그리고 4명 전원이 서로가 고른 카드의 전부를 살펴보아야 합니다. 단, 여러분은 어떤 카드도 봐서는 안 되고요.

2 그리고 선택된 관객들은 카드 4장 중에 어느 것을 선택할 것인지 몰래 의논합니다. 여러분이 나머지 카드를 같은 양의 카드 2더미로 나누어, 앞면이 아래로 가도록 놓는 동안 말이에요.

3 관객들에게 최종 선택한 카드를 건네 달라고 합니다. 카드를 보지는 마세요. 그 다음, 선택한 카드를 어느 쪽 뭉치에 놓는 게 좋을지 묻습니다. 그들이 말한 쪽 뭉치에 카드를 올려놓으세요. 그리고 나머지 3장의 카드는 다른 쪽 뭉치에 올려놓으세요.

4 이 과정을 끝냈다면, 위에 3장의 카드를 놓았던 뭉치를 들어서 다른 카드 뭉치의 맨 위에 올려놓습니다. 즉, 최종 선택한 카드 1장이 카드들의 한가운데에 있도록 말이에요.

위에 1장의 카드만

위에 3장의 카드를 놓은 뭉치

5 이제 시간에 관한 언급이 나와야겠군요. 시계를 쳐다보고 관객 모두에게 (예를 들어) 11시 17분이라고 말해 주세요. 관객 중 1명은 이 숫자를 더한 다음, (총합의 결과, 28이 나오네요.) 카드를 꺼내서 분배합니다. 그리고 여러분이 가진 '마법의 힘'으로 최종 선택을 받았던 카드가 사실은 위에서부터 스물여덟 번째에 있다는 걸 밝혀 보세요!

이럴 수가….
여러분, 시간을 좀 보시겠어요…?
11시 17분이군요! (17+11=28)
선택 받은 카드는 전체 팩의
위에서부터 스물여덟 번째에
있다는 데 한 표 걸겠어요.

6 물론, 시간이 28로 합산될 때에만 이 속임수를 사용할 수 있겠지요. 12시 16분, 1시 27분, 2시 26분, 3시 25분, 이런 식으로 계속 나아가면서요.

마술 놀이 30

단어를 아는 카드

★ 필요한 것: 카드 1벌, 탁자

카드 친구들이 자신의 위에 쓰여 있는 번호를 읽을 수 있다는 것을 관객들에게 증명해 봅시다! 간단하지만 매우 효과적인 이 마술을 위해서, 마술사가 꼭 기억해야 할 것이 있습니다. 바로 카드를 집어드는 올바른 순서지요!

1 카드 친구들이 사실은 단어를 안다는 것을 여러분이 발견해냈으며, 그중에서도 스페이드 (혹은 어떤 것이든 여러분이 택하는 슈트) 친구들이 제일 똑똑한 것 같다고 관객에게 말해 주는 내용으로 이야기를 구상해 둬야 할 거예요.

2 일단 슈트를 골랐다면, 같은 슈트의 카드 13장을 전부 카드 밖으로 빼냅니다. 빼내는 동안, 13장의 카드는 앞면이 위로 가게끔 탁자 위에 무작위로 흩어 놓습니다. 카드가 탁자 전면에 걸쳐 넓게 흩어져 있다면, 여러분이 특정한 순서로 카드를 집어 든다는 사실은 표시나지 않을 거예요. 나머지 카드들은 옆으로 밀어 두세요.

3 이제 스페이드 친구들을 다음과 같은 순서로 집어 듭니다. 퀸, 4, 에이스, 8, 킹, 2, 7, 5, 10, 잭, 3, 6, 9. (카드의 앞면이 아래로 가 있는 상태에서 반드시 퀸이 전체 카드의 맨 위로 오게 해둡니다. 그리고 9는 맨 아래에 있게 하고요!)

4 이제 여러분이 해야할 일은 마술을 즐기면서 글자 수를 기억해내는 것뿐이에요!

5 "에.이.스"라고 단어를 말하는 것부터 시작해봅니다. "에"라고 말하면서 위에서부터 첫 번째 카드를 카드 더미의 맨 아래에 둡니다. "이"라고 말하면서 위에서부터 두 번째 카드를 카드 더미의 맨 아래에 둡니다. "스"라고 말하면서 세 번째 카드가, 실제로 에이스라는 걸 드러냅니다. 이 카드는 옆으로 밀어 둡니다.

6 다음엔 같은 방식으로 "카.드.이"라고 단어를 말해보세요. 다시금, 세 번째 카드에 도달할 때 실제로 카드 2를 뒤집게 될 겁니다. 이 카드는 에이스의 위로 밀어 두세요.

7 같은 식으로 마술을 계속하세요. "카.드.번.호.삼", "사.번.카.드", "오.번.카.드" 이런 식으로 계속 단어를 말하면서요. 마지막으로 킹 카드 1장만이 남을 때까지.

그 카드를 찾아라

★ 필요한 것: 뾰족한 연필 1개, 카드 1벌

이 마술에서는 관객 1명이 카드 더미 속에서 카드 1장을 선택합니다. 만약 그 사람이 카드를 더미 속으로 다시 넣는다 해도, 여러분은 '마법의 힘'으로 찾아낼 수 있지요. 이 속임수는 만약 공연에서 2개의 긴 마술이 있다면, 그 사이에 페이스 조절을 위해 선보일 만한 간단한 마술이에요.

1 이 마술의 비밀은 바로, 시작 전 1벌의 카드 각각의 한쪽 면에 조심스레 연필선을 그어 두는 것입니다. 이 연필선은 여러분에게 잘 보이도록 충분히 진하되, 관객 중 아무에게도 보이지 않도록 얇게 표시되어 있어야만 합니다!

연필선

2 앞면이 아래로 가게끔 카드들을 부채꼴로 펼쳐 보이고는, 지원자에게 마음에 드는 카드를 1장 고르게 합니다.

3 여러분은 카드를 보지 않은 채로, 지원자가
나머지 관객들에게 카드를 보여주게
합니다. 이 때가 바로 여러분이 카드 전체를
재빠르게 몰래 거꾸로 돌릴 기회로군요. 그리고
그 사람에게 고른 카드를 다시 더미 속으로
매끄럽게 밀어 넣으라고 하세요. 이때, 반드시
카드를 처음 꺼냈을 때와 같은 방향으로 넣어 두게
해야 합니다. 만약 지원자가 카드의 방향을 돌린 게
보인다면, 이야기를 던져 관객들 모두의 이목을 끌면서
전체 카드를 몰래 다시 돌려 놓습니다.

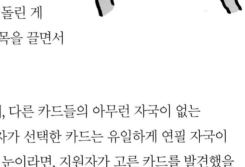

4 전체 카드가 거꾸로 돌려졌기 때문에, 다른 카드들의 아무런 자국이 없는
새하얀 한쪽 면과 대조적으로, 지원자가 선택한 카드는 유일하게 연필 자국이
보일 거예요. 여러분의 교묘한 입담과 매의 눈이라면, 지원자가 고른 카드를 발견했을
때 딱 전체 팩을 끊는 건 손쉬운 일이겠지요. 과장된 몸짓으로 카드를 빼내서
관객들에게 보여주세요. 그리고 박수가 터져 나오기를 기다리세요!

다른 쪽에 선이 있는
유일한 카드

무조건 붉은색

> ★ 필요한 것: 뒷면에 서로 다른 색의 디자인이 있는 카드 2벌(한쪽의 디자인은 붉은색이어야 해요!),
> 종이 1장, 펜이나 연필 1개, 탁자

마술사로서 관객들을 공연에 참여시키는 건 더없이 좋은 행동입니다. 이번 마술에서
여러분은 1장의 종이에 예언을 쓴 다음 종이를 관객 한 사람에게 줍니다. 예언에는
'당신은 6장의 카드 중 단 1장의 붉은색 카드를 뽑을 겁니다'라고 명시되어 있지요.
그리고 실제로도 그렇게 됩니다!

1 이 마술을 위해서는 먼저 6장의 카드를 골라내야 해요. 1장은 뒷면에 붉은색
디자인이 있는 카드 중에서 나온 스페이드나 클로버의 에이스여야 합니다.
1장은 다른 카드들 속에서 나온 하트나 다이아몬드의 6이어야 하고, 다른 4장의
카드는 같은 카드들 속에서 나온 7이거나, 7보다 큰 값을 지닌 클로버나 스페이드
중에서는 어떤 것도 괜찮습니다.

2 관객들이 도착하기에 앞서 (뒷면에 붉은색 디자인이 없는 쪽) 카드의 위에,
선택된 6장의 카드를 다음과 같은 순서로 배열해 둡니다.
기타 → 에이스 → 6 → 기타 → 기타 → 기타

3 관객들이 도착하는 대로 참여할 사람을
구합니다. 지원자가 여러분과 나란히 탁자
앞에 서면, 예언을 적어 지원자와 관객들에게
보여주세요.

4 다음으로, 맨 위에 있는 카드 여섯 장을 다음과 같이 배치하세요. 앞면이 아래로, 앞면이 위로, 앞면이 아래로, 앞면이 위로, 앞면이 아래로, 앞면이 위로 가게 말이지요.

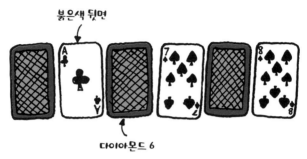

붉은색 뒷면

다이아몬드 6

5 이제 지원자는 1에서 6 사이의 숫자 하나를 고릅니다. 한번 그 사람이 4를 선택한다고 생각해 볼까요? 여러분은 지원자가 붉은색 카드를 택할 거라고 예언했단 걸 명심하세요. 그러니 오른쪽에서 왼쪽으로 카드를 세면 하트나 다이아몬드 6을 뒤집게 되지요.

4 3 2 1

만약 그 사람이 1을 택한다면 에이스를 집어서 붉은 뒷면 디자인을 보여줍니다. 만약 2를 택한다면 왼쪽에서 오른쪽으로 세서 에이스를 보여줍니다. 3인 경우에는 왼쪽에서 오른쪽으로 세서 하트나 다이아몬드의 6를 보여줍니다. 5를 고르면 오른쪽에서 왼쪽으로 세서 에이스를 보여주고, 6인 경우에는 곧장 다이아몬드나 하트의 6을 보여줄 수 있죠.

6 이 속임수를 같은 쇼에서 여러 번 하지는 마세요. 어디에 어떤 카드가 있는지 여러분이 알고 있다는 게 점점 더 명백해지니까요!

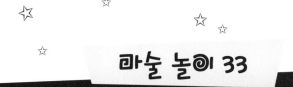

너의 카드는…

★ 필요한 것: 카드 1벌

여러분이 카드의 달인이라는 걸 보여줄 수 있는 또 하나의 마술입니다! 이번에도 역시 여러분은 여러 장의 카드 속에서 '관객이 고른' 카드를 찾아낼 겁니다. 하지만 매번 같은 방식으로 카드들을 배치해야 한다는 걸 명심하세요.

1 카드를 꺼내서 더미마다 7장씩, 총 3더미로 배치합니다. **하나, 하나, 하나** 그리고 **둘, 둘, 둘** 하며 카드를 깔아 놓으세요. 한꺼번에 하나의 더미를 놓지 말고 이렇게 해야 해요. 남아 있는 카드들은 옆으로 밀어 둡니다. 이 친구들은 필요 없을 테니까요.

2 지원자에게 아무 카드 더미에서나 카드 1장을 뽑아서 기억하라고 합니다. 단, 누구에게도 무슨 카드인지 말하면 안 됩니다. 지원자는 카드를 기억한 뒤, 다시 원래의 카드 더미 속으로 넣어 두어야 해요.

3 이제 3개의 카드 더미를 모아서 듭니다. 반드시 지원자가 고른 카드가 들어있는 카드 더미가 다른 2개의 더미 사이에 있게끔 해 둡니다. 그리고 카드를 꺼내서 재차 나누어 놓으세요. 7장씩 총 3그룹이 되도록 말이에요.

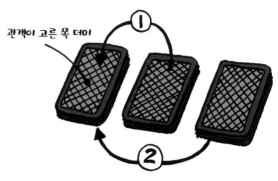

관객이 고른 쪽 더미

4 지원자에게 각 카드 더미를 살펴보고, 고른 카드가 이제는 어느 더미에 들어있는지 선택해 보라고 합니다.

5 다시 카드 더미를 전부 거둬들이세요. 고른 카드가 포함된 더미가 다른 2개의 더미 사이에 있도록 하면서요. 그리고 카드를 꺼내서 7장씩 3그룹으로 나눕니다.

6 지원자는 다시 자신이 고른 카드를 찾아 지금은 어느 더미에 있는지 여러분에게 표시해 주어야 합니다. 여러분은 카드 더미를 모아서 들어 보세요. 그 사람이 고른 카드가 든 카드 더미가 다시 다른 2개의 더미 사이에 있게 하면서요.

맞아요…. 걱정하지 마시고요…. 제 실력엔 저조차도 감탄하니까요!

7 "당.신.의.카.드.는.바.로.바.로"라고 말하며 글자당 1장씩 카드를 빼세요. 그러면 다음에 나오는 카드가 바로 지원자가 고른 카드일 거예요!

희한한 홀수의 마법

★ 필요한 것: 카드 1벌, 탁자

이 마술은 어린 친구들 앞에서 펼치기에 더없이 좋습니다. 높은 연령대의 친구들이나 성인 관객이라면 여러분이 반드시 홀수로 카드를 집으려고 한다는 걸 눈치채겠지만, 어린 친구들은 아마도 눈치채지 못할 거예요. 그리고 이 속임수는 매번 들어맞습니다!

1 카드 전체를 탁자에 펼쳐 놓고, 지원자에게 고르고 싶은 만큼 카드를 고르게 하세요. 그 사람이 무엇을 어떻게 하는지 눈으로 자세하게 보지는 마시고요. 지원자가 만족스럽게 카드 1더미를 다 고르면 무대의 한쪽 구석에 보낸 다음, 고른 카드를 세도록 합니다.

2 지원자가 카드를 세느라 바쁠 동안, 여러분은 최대한 아무렇지 않게 카드 1뭉치를 집어 듭니다. 단, 이 마술의 비밀은 여러분이 언제나 홀수로 카드를 집어 든다는 것이지요.

3 이제 지원자에게 말해주세요. 그가 가진 카드가 몇 장이든 상관없다고요. (그리고 몇 장인지는 여러분이 알고 있지 않아도 됩니다.) 만약 카드의 수가 짝수라면 여러분이 가진 카드 뭉치가 홀수로 만들 것이고, 지원자가 가지고 있는 카드의 수가 홀수라면 여러분이 가진 카드 뭉치가 짝수로 만들 거라고 말이에요.

4 지원자는 이제 가지고 있는 카드들을 하나씩 세며 탁자 위로 꺼내 놓습니다. 여러분은 여러분이 가진 카드들을 지원자에게 건네 준 다음, 전부 합해서 세도록 합니다. 새로운 총합은 당연히 여러분이 예언했던 대로 나오겠지요.

5 이 깜찍한 속임수를 쓸 때 기억해야 할 두 가지 사항이 있습니다. 먼저, 여러분은 아무렇지 않은 척하며 자유자재로 홀수만큼의 카드를 잡을 수 있도록 연습해 두어야 합니다. 수월하게 이 동작을 해낸다면 마술은 더욱 잘 흘러가게 되겠지요. 그리고 장난으로라도 관객 중 그 누구도 (특히 참여한 관객을) 놀리지 말 것. 속임수가 아무리 알아채기 쉽다고 해도 말이에요!

이건 불공평해

★ 필요한 것: 카드 1벌, 탁자

만약 여러분의 시선이 다른 곳에 가 있는 사이에 이 마술에 쓰일 카드가 배열돼 있더라도, 여러분은 여전히 관객이 고른 것이 어떤 카드인지 알아낼 수 있습니다. 마법의 힘이지요!

1 공연에 앞서 모든 카드 4를 카드 더미의 맨 위에 두고, 모든 카드 9를 카드 더미의 맨 아래에 둡니다. 이 8장이 같은 자리에 그대로 있을 수 있게 카드를 섞는 연습을 해두세요.

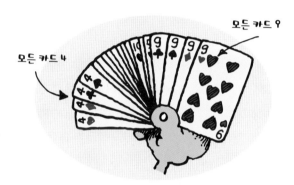

2 위에서 말씀드린 방법으로 카드를 섞습니다. 앞면이 아래로 가게끔 부채꼴로 카드들을 펼치고, 지원자에게 원하는 1장을 고르게 하세요. 그 사람이 자신이 고른 카드를 나머지 관객들에게 (여러분에게는 말고) 보여주는 동안, 펼쳤던 카드들을 접고 "하나, 하나, 하나, 하나" 그리고 "둘, 둘, 둘, 둘" 하며 늘어놓아 같은 양의 카드 4더미로 배치해 두세요. 한꺼번에 하나의 더미를 놓지 말고 이렇게 해야 해요. (더미 중 하나에는 다른 더미보다 1장이 덜 들어가게 될 거예요!)

3 이제 탁자와 카드에서 등을 돌리세요. 그리고 지원자에게 선택한 카드를 카드 더미 중 한곳에 올려놓으라고 합니다. 그리고 그 사람은 카드 2더미를 어떤 순서든 원하는 대로 쌓은 다음에, 카드 전체를 다시 여러분에게 건네줍니다.

4 여러분은 카드 전체를 부채꼴로 펼친 후에, 그 카드 속에서 지원자가 고른 카드를 즉시 빼냅니다. 어떻게 이렇게 할 수 있냐고요? 흠흠… 이 마술의 비밀은 바로, 일단 카드를 4더미로 나누게 되면, 각 카드 더미의 맨 아래에는 4가, 맨 위에는 9가 있게 되리라는 것입니다. 여러분이 카드를 부채꼴로 펼칠 때, 지원자가 고른 카드는 바로 카드 4와 카드 9 사이에 있는 카드일 거예요.

5 꼭 4와 9를 사용하지 않아도 괜찮습니다. 무엇이든 여러분이 사용하고 싶은 숫자들을 사용해도 좋아요. 단, 페이스 카드는 피해주세요. 여러 장의 페이스 카드가 서로 나란히 놓여 있으면, 속임수를 간파해내기 십상이니까요.

마법의 끈끈이 손

★ 필요한 것: 카드 1벌, 반지 1개, 이쑤시개 1개, 탁자

나이가 어린 (많아도 좋아요!) 마술사 친구들이 하기에 쉬운 또 하나의 마술입니다.
배우기도 쉽고, 공연을 펼치기도 쉽고, 멋있어 보이기도 쉽지요!

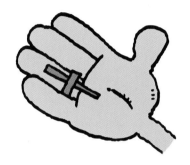

1 이번 마술을 위한 준비로, 손가락에 반지를 끼워 두세요. 그리고 손바닥이 위로 가도록 손을 뒤집은 다음, 이쑤시개를 반지 속으로 매끄럽게 밀어 넣으세요.

2 손을 조심스레 탁자에 내려놓으세요. 관객들이 이쑤시개를 절대 볼 수 없도록 조심하면서요.
여러분은 이제부터 마법을 이용해 손바닥만으로 여러 장의 카드를 들어올리려 한다는 것을 관객들에게 이야기하면 됩니다. 여러분은 카드를 붙잡고 있지 않을 거예요. 카드는 여러분이 손을 들어올리면 마법의 힘으로 따라 올라올 겁니다.

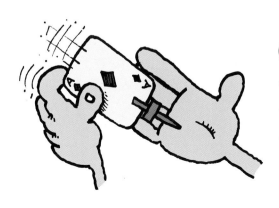

3 다른 한 손으로는 카드 1장을 꺼내서 탁자에 올려진 손 밑으로 밀어 넣으세요. 반드시 카드의 한쪽 끝이 이쑤시개 밑으로 매끄럽게 들어가게 하면서요.

4 다른 카드를 1장 집어 들고, 다른 방향에서 손 밑으로 매끄럽게 밀어 넣으세요. 이번엔 카드가 손과 이쑤시개의 다른 한 끝 사이에 있도록 하는 게 좋겠죠.

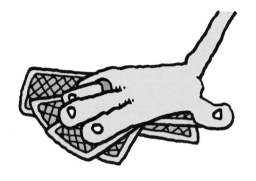

5 이제 또 다른 4장의 카드를 손 밑에 넣어 보세요. 원래 있던 2장의 카드로 인해 나머지 카드는 넣은 자리에 그대로 고정될 거예요.

6 여러분이 제일 좋아하는 마법의 문장을 말해 보세요. **"수리수리 마수리"**나 **"비비디 바비디 부"**와 같이 말이에요. 그리고 천천히, 여러분의 손을 탁자 위로 수평이 되게끔 카드와 함께 들어올립니다. 카드는 여러분의 손이랑 나란히 떠있을 거예요. 마법의 힘이지요!

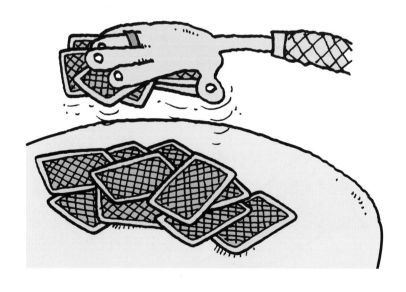

온데간데없이 사라져요!

★ 필요한 것: 카드 1벌, 둘레에 단이 박힌 손수건 1장, 이쑤시개 1개, 가위, 탁자

지금껏 숨겨진 카드를 찾는 여러분의 실력에 관객들은 넋을 잃고 쳐다보았지요. 하지만 이번에는 카드를 사라지게 만들어보는 건 어떤가요? 그것도 재미있을 거예요….

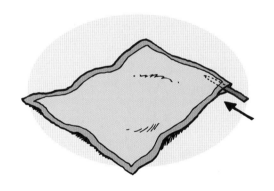

1 이 마술을 위해서는 살짝의 준비가 필요하지요. 갖고 있는 이쑤시개의 길이가 반드시 놀이용 카드의 너비와 같도록 준비해 두세요. 혹시 이쑤시개가 너무 길다면, 같은 길이가 되도록 다듬어 줍니다. 그 다음, 이쑤시개를 손수건 둘레에 박힌 단 속으로 찔러 넣습니다. 이제 관객을 맞이할 준비가 됐군요!

2 카드들을 탁자 위에 펼쳐 놓으면서 과장된 몸짓으로 쇼를 시작하세요. 손수건을 이리저리 흔들어대며, 여러분이 카드 중에서 1장을 뽑아서 온데간데없이 증발하게 만들 거라고 관객들에게 이야기해 보세요.

3 이쑤시개가 들어가 있는 모퉁이가 손수건 밑으로 접히게끔, 카드 위로 손수건을 펴 놓으세요.

이쑤시개

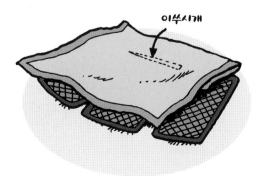

4 엄지손가락과 집게손가락으로
이쑤시개를 쥐고, 이쑤시개가 들어있는
손수건의 모퉁이를 집어 듭니다. 마치
여러분이 카드를 1장 들고 있는 것처럼
보이네요, 그렇죠?

5 여러분이 제일 좋아하는 마법의 주문을 외워 보세요. 카드를 사라지게 만드는
말도 포함해서요. 그리고 손수건을 공중으로 던지세요. 카드는 증발해버린 것
같네요!

진짜 마법을 부렸네요!
이걸 보세요!
카드가 없군요!

수수께끼의
동전 속임수

집에서 쉽게 찾을 수 있는 동전은, 새내기 마술사들이
속임수에 사용하기에 안성맞춤입니다. 물론 마술 용품 상점에서 구할 수 있는
마술 동전(양쪽이 모두 앞면인 동전과 특수 동전 등)도 있지만,
다음 속임수 중 대부분은 아무 동전이나 써도 충분할 거예요!

마술 놀이 38
교묘한 손 기술

★ 필요한 것: 동전 1개

모든 마술사들은 교묘한 손 기술을 배웁니다. 이 속임수를 잘만 익힌다면, 언제 어디서든 펼칠 수 있지요. 마술 쇼, 파티… 혹은 장소가 식당이라 할 지라도 말이에요!

반대편에서는 이렇게…
동전이 안 보인답니다.

1 한쪽 손의 집게손가락과 가운뎃손가락의 첫째 마디에 동전을 단단히 끼워 놓으며 마술을 시작합니다. 물론 동전은 숨겨야 해요. 여러분이 손을 펼쳐서 손바닥이 밖으로 향하게끔 관객들에게 내보인다 해도 관객들이 아무것도 볼 수 없도록요.

2 이제 여러분이 연습하고 또 연습해야 할 부분으로 왔습니다. 동전을 등장시키기 위해, 손바닥을 향해서 손가락을 접은 다음 엄지손가락을 사용해 동전을 위쪽으로 뒤집습니다.

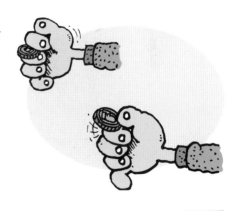

줄리엣…. 그대의 로미오가 여기에 있다오….

마술사가 아니잖아!

내려와!

마술을 해!

알고 계셨나요?

1800년대에 이르러, 마술은 많은 나라의 극장에서 수시로 공연되었습니다. 몇몇 장소에서는 정기적으로 마술사들의 공연이 펼쳐지기도 했지요.

동전을 돌려 봐요

★ 필요한 것: 100원짜리 동전 1개, 핀 2개, 탁자

이번 마술은 너무나 간단해서, 마술이라고 할 만한 것도 아닙니다. 사실, 누구라도 할 수 있어요. 하지만, 속임수를 성공적으로 해낼 사람은 바로 연습을 게을리하지 않은 여러분이겠지요!

1 동전을 탁자에 놓고, 두 핀의 끝으로 살살 집어 듭니다.

2 일단 동전이 단단히 고정되었다는 확신이 들면, 동전 위로 아주 살살 바람을 붑니다. 그러면 동전이 돌아가기 시작할 거예요.

3 여러분이 해야할 일은 이게 다입니다! 조그만 공연의 서두를 장식하기에 훌륭한 마술이지요. 만약 훌륭한 마술사의 이미지를 굳히고 싶다면, 동전이 몇 초 정도 (아니면 하고 싶은 대로 더 오랫동안) 계속 돌아가게 하기만 하면 됩니다.

마술 놀이 40
내 동전이 어디 갔지?

★ 필요한 것: 공 모양의 실뭉치, 특수 슬라이드 1개, 동전 1개, 유리컵 1개, 탁자

동전을 사라지게 한 다음, 다시 나타나게 할 시간입니다! 이 마술을 위해서는 약간의 준비가 필요하죠. 여러분은 동전이 확실히 실뭉치 안까지 도달할 수 있도록 금속 슬라이드를 만들어야 합니다. 그렇지 않으면 마술을 할 수 없어요!

1 관객들이 도착하기에 앞서, 실뭉치를 느슨하게 공 모양으로 감고 금속 슬라이드를 준비해 놓습니다. 금속 슬라이드는 납작한 깡통 조각이나 짧고 넓적한 금속 자여도 괜찮아요. 반드시 금속 슬라이드가 공 모양의 실뭉치 속으로 쉽게 미끄러져 들어갈 수 있도록 해 둡니다. 실뭉치의 안쪽까지 동전을 넣는 데에 쓸 거니까요. 준비한 도구를 둘 다 탁자에, 관객들 눈에는 띄지 않게 조심조심 올려놓으세요. 슬라이드는 실뭉치 속으로 어느 정도 들어가 있어야 합니다.

2 관객에게 동전을 1개 빌리세요. (혹시 아무도 동전을 갖고 있지 않을 경우에 대비해서 동전 1개를 근처에 준비해 놓으세요!) 왼손 엄지손가락과 집게손가락의 끝부분으로 조심스레 동전을 들어 보세요.

3 마치 동전을 가져가려는 듯 오른손을 왼손 위로 가져다 놓으세요. 그러나 오른손이 관객들의 시야로부터 동전을 가리는 즉시, 왼손 안으로 동전이 떨어지게 합니다.

4 동전이 떨어지는 대로 오른손을 꼭 쥐어 주먹을 만듭니다. 마치 여러분이 동전을 들고 있는 듯이 말이에요. 그리고 손과 시선을 오른쪽으로 옮기세요.(관객의 시선도 여러분을 따라가야 해요!) 이렇게 하는 동안, 왼손은 지극히 평범하게 옆구리로 그냥 떨구어 둡니다.

5 이때쯤, 여러분은 당연히 관객에게 말을 걸고 있겠지요? 요즘 같은 시대에 돈이 얼마나 빨리 사라져 버리는지에 대해 이야기해 보세요. 조금 전까지는 있었는데, 눈 깜짝할 사이 없어져 버린다고 말이에요. 그리고 이 대목에 이르면 천천히 오른손을 펴고, 증발한 동전 때문에 놀란 듯한 표정을 보여주세요.

6 그와 동시에, 공 모양의 실뭉치로 왼손을 뻗어 동전을 슬라이드 속으로 떨어트리세요. 동전이 실뭉치 속으로 들어갔다면, 슬라이드를 빼냅니다. 이 과정을 진행하는 동안, 계속 화려한 언변을 뽐내기에는 벅찰 수도 있어요. 하지만 여러분이 꾸준한 연습을 거친다면, 이 대목이 마술을 얼마나 그럴싸하게 만들어 주는지 느끼게 될 겁니다!

7 이제 관객들에게 공 모양의 실뭉치를 보여준 다음, 유리컵 속에 넣습니다. 그리고 실을 살살 풀다 보면, 동전이 유리컵 속으로 '쨍그랑' 떨어질 겁니다. 이제 동전을 빌려줬던 사람에게 다시 돌려주고, 같은 동전이 맞는지 물어보세요. 결과는 당연히 아까와 같은 동전이죠. 모두 감탄할 수밖에 없겠군요!

꾸깃꾸깃 동전 접기

★ 필요한 것: 동전 1개, 작은 종이 1장

동전으로 할 수 있는 또 하나의 손쉬우면서도 효과적인 마술이군요. 특히나 적은 수의 관객 앞에서 선보이기 적합하지요.

1 동전을 준비한 종이의 중심부에 올려놓으세요.

2 종이의 아래쪽 가장자리가 동전 위로 가도록 종이를 위로 접으세요. 종이의 양쪽 가장자리 사이에 6밀리미터 정도 빈 공간을 남겨두면서요.

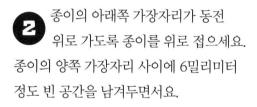

3 종이의 오른쪽 가장자리가 동전 뒤로 가도록 종이를 뒤로 접으세요.

4 그리고 종이의 왼쪽 가장자리가 동전 뒤로 가도록 종이를 뒤로 접습니다.

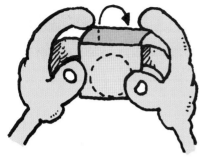

5 덮개처럼 된 종이의 윗부분이 동전 뒤로 갈 수 있도록, 종이를 뒤로 구부려 마지막으로 한 번 더 접습니다. 이렇게 하면 마치 동전이 완전히 종이로 감싸진 것처럼 보이겠지만, 사실 위쪽 가장자리는 여전히 열려 있지요.

6 이제 종이 포장을 뒤집은 다음, 열려 있는 가장자리를 통해 동전이 여러분의 손 안으로 미끄러져 들어가게 합니다. 종이 포장을 갈기갈기 찢어서 종이 속 동전이 사라졌다는 걸 여러분이 '증명하고' 있는 동안, 동전은 그대로 여러분의 손 안에 있을 거예요.

아이쿠!

알고 계셨나요?

해리 후디니(에리치 와이즈가 그의 본명이었습니다.)는 아직까지도 세계적으로 유명한 마술사입니다. 그는 탈출 곡예사로 이름을 알렸는데, 그의 좌우명은 '어떠한 감옥도 나를 가둘 수 없다'였어요. 후디니는 종종 야외에서 공연을 하며 극적인 분위기를 더했습니다. 도로 위의 높은 장치에 거꾸로 발목이 매달린 채, 몸을 옴짝달싹 못하게 하는 구속복을 벗어나 보였지요. 이 마술 덕분에 그는 매스컴의 관심을 듬뿍 받았답니다!

마술 놀이 42
보였다, 안 보였다!

★ 필요한 것: 서로 같은 색의 종이 2장, 색이 다른 종이 1장, 유리컵 1잔,
풀, 가위, 동전 1개, 지팡이 1개(선택 사항)

사실 제목에 나온 표현에는 한 가지 문제가 있어요. 사라진 다음 다시 나타나는 이 동전의 경우에는 '안 보였다, 보였다'로 순서가 바뀌어야겠군요. 계속 읽어보세요!

1 공연을 시작하기에 앞서, 다른 색의 종이 1장으로 마법의 고깔모자를 만들어 두세요. 풀로 단단히 고정시킨 다음, 몽환적인 느낌을 위해 별과 반짝이를 더해 볼까요?

2 다음으로, 앞서 사용한 종이와 다른 색의 종이 2장 중 1장에 유리컵을 대고 동그라미를 오려내세요. 그리고 오려낸 동그라미 모양 종이를 풀로 유리컵 바닥에 붙이세요. 바로 이 종이 동그라미가 동전을 감춰서 관객의 눈을 속여줄 거예요. 같은 색 종이 위에 놓여 있을 테니까요. 마법의 고깔모자와 유리컵, 그리고 동전을 남은 1장의 종이 위에 올려놓습니다. (유리컵은 윗면이 아래로 가게끔 돌려져 있어야만 해요.) 이제 여러분은 관객을 맞을 준비가 됐군요.

종이

풀로 붙인 종이

3 이 고깔모자에는 마법의 힘이 깃들어 있어 물건을 사라지게 만들 수 있다고 관객들에게 말해주세요. 여러분은 동전이 사라지도록 만들 겁니다.

4 유리컵을 고깔모자로 덮은 다음, 유리컵과 고깔모자를 둘 다 동전 위로 올려놓습니다. 고깔모자를 지팡이로 톡 치거나, **"수리수리 마수리!"**와 같은 마법의 주문을 외우면서 손을 흔드세요.

5 유리컵을 보여주기 위해 고깔모자를 들어올리세요. 그런데, 동전이 없군요! 동전은 마법의 힘으로 흔적도 없이 사라졌습니다.

6 물론, 사실 동전은 여전히 탁자 위에 있습니다. 하지만 유리컵 바닥에 붙인 종이가 동전을 감춰주고 있지요. 고로, 똑똑한 마술사처럼 이 과정을 거꾸로 함으로써 동전을 다시 나타나게 하는 것도 간단하답니다. 먼저, 고깔모자를 다시 유리컵 위로 올려놓으세요. 몇 가지 간단한 마법의 말과 과장된 손짓을 해 보세요. 그리고 고깔 모자와 유리컵을 들어 보세요. 아니, 여기 있네요! 동전이 다시 나타났습니다!

마술을 할 시간이 없군요. 난 우주 각지에서 한잔 하기에 바빠서 말이죠!

알고 계셨나요?
인기 있는 마술사들은 세계 각지로 순회 공연을 다녔습니다. 20세기 초반, 한 미국인 마술사는 세계를 투어하며 '우주의 불가사의 쇼'를 했지요. 그는 30년 동안 미국 최고의 공연 마술사였답니다.

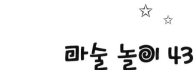

미궁 속의 동전

★ 필요한 것: 손수건 1장, 동전 1개, 접착용 퍼티, 탁자

이번 마술에서는, 관객이 지켜보는 가운데 동전을 손수건의 중심부에 놓습니다.
그리고 마술사가 마법의 주문을 걸면, 동전은 감쪽같이 없어지죠!

1 관객들을 만나기에 앞서,
조그만 접착용 퍼티 한 조각을
손수건의 한쪽 귀퉁이에 붙여 두세요.
퍼티는 공연이 계속되는 동안
관객들의 눈에 띄지 않도록 숨겨야
합니다.

2 손수건을 탁자 위에 펼치세요.
물론 접착용 퍼티가 붙어 있는
귀퉁이는 계속 손에 쥔 채로요.
동전을 손수건의 중심부에 올려놓고,
즉시 접착용 퍼티가 붙어 있는
귀퉁이로 감쌉니다.

접착용 퍼티가
붙어 있는 귀퉁이

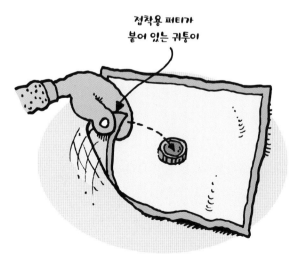

3 다른 세 귀퉁이도 손수건 중심부를 향하도록 동전 위로 접으세요.

4 제일 가까이 접혀진 귀퉁이가 밑으로 양손을 넣으세요. 재빠르게 움직인다면, 손수건에 달라붙은 동전은 결국 여러분의 손 안에 있을 거예요.

5 손수건의 양면을 관객들에게 보여주세요. 손수건을 빠르게 한 번 흔들고 마무리로 손수건에 코를 푸는 시늉을 하세요. 아니면 재채기를 하듯이, 입과 코를 손수건으로 감싸든가요. 대미를 멋지게 장식해서 한 차례 박수가 터져나올 만한 거라면 무엇이든 좋아요!

6 어쩌면 여러분은 이 동전이 다시 나타나게 만들고 싶겠지요? 물론 나타날 수 있고 말고요. 마법의 힘이지요! 아니면 완벽한 사전 준비의 힘이거나요. 숨겼던 동전이 어딘가 엉뚱한 곳에서 등장하게 해 보세요.

여러분의 양말 윗단을 내리는 건 어떨까요? 혹은 관객 중 누군가의 귀 뒤도 좋을 것 같네요!

마침 잘됐네…. 코를 풀어야 해서 손수건이 필요하거든요!

마술 놀이 44
문지르고 또 문지르면

★ 필요한 것: 동전 1개, 탁자, 의자 1개

여러분은 자연스러운 이야기를 준비해야 할 거예요. 이야기로 완성되는 무척 흥미로운 이 마술은 적은 수의 관객 앞에서 펼치기 가장 좋습니다.

1 관객이 도착하자마자 여러분이 준비해 온 이야기가 시작되어야 해요. 여러분이 방금 인터넷에서 무엇을 읽었는지 들뜬 듯이 이야기해 주세요. 바로, 인체에 있는 화학 성분이 동전을 구성하는 금속을 분해할 수 있다는 걸 말이에요! 실제로, 동전은 그냥 사라져버릴 수도 있습니다!

2 동전을 관객들에게 보여주고, 탁자에 앉아 턱을 오른손에 올려놓으세요. 왼손에 쥔 동전을 오른팔 팔뚝에 대고 문지르기 시작하세요. 그동안, 반드시 아무도 동전을 보지 못하도록 하면서요.

3 동전을 팔뚝에 문지르면서, 공연을 시작할 때 여러분이 들려주기 시작했던 기막힌 이야깃거리를 계속해서 이어 가세요. 이제 동전은 여러분의 왼손 밖으로 미끄러져 나가 탁자로 떨어질 거예요. 중요한 것은, 이야깃거리를 계속 이어 가면서도 시선은 꼭 관객들을 향해야 해요.

4 떨어트린 동전을 오른손으로 집어 들고, 다시 왼손으로 넘기는 척합니다. 그러나 실제로는 그냥 오른손에 들고 있으세요.

5 다시 오른손에 턱을 괴고, 앞서 했던 것처럼 동전을 여러분의 팔뚝에 문지르는 척하세요. 이 동작은 정말로 마술의 달인처럼 능숙하게 해내야 하며, 이렇게 하는 동안 이야깃거리도 자연스럽게 이어 가야 합니다.

6 팔뚝을 살짝 더 오래 문지르세요. 그리곤 갑자기, 살짝 걱정스러운 듯한 얼굴을 하세요. 그리고 (약간 더 세게 해도 괜찮으니) 계속해서 문지르세요. 그런 다음, 문지르던 동작을 천천히 멈춥니다. 왼손의 손가락을 하나씩 펴면서요.

동시에, 동전을 조심스레 여러분이 입고 있는 셔츠의 깃 속으로 떨어트리세요. 그리곤 (과장된 몸짓으로) 관객들에게 동전이 사라졌다는 걸 보여줍니다. 딱 여러분이 예언했던 대로군요!

마술 놀이 45
구멍 뚫린 냅킨

★ 필요한 것: 동전 1개, 헝겊 냅킨 1장, 검은 매직펜 1개

이건 매우 인상적인 마술이에요. 하는 방법도 쉬운 데다가, 보기에도 근사하지요!

1 관객이 여러분의 바로 앞에 앉아 있어야만 합니다. (대부분의 마술이 그렇지만요!) 관객 1명에게 동전 1개를 달라고 해 보세요. 아니면 여러분의 동전을 건네 주고, 나중에 알아볼 수 있게끔 매직펜으로 동전에 표식을 적어달라고 하세요.

2 왼손의 엄지손가락과 집게손가락으로 동전을 똑바로 집어 드세요.

3 냅킨을 동전 위에 덮고, 동전이 냅킨의 중심부에 자리할 수 있도록 합니다.

4 자, 이제 여기가 어려운 부분입니다. 조심스럽게
엄지손가락과 동전 사이로 헝겊이 살짝 접히도록
잡으세요. 오른손으로 냅킨의 앞부분을 들어올린
다음, 냅킨의 윗부분과 여러분의
왼쪽 손목 위로 다시금
씌웁니다.

5 관객들에게 동전이
여전히 그 자리에
있다는 걸 꼭 보여주세요.

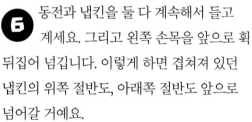

6 동전과 냅킨을 둘 다 계속해서 들고
계세요. 그리고 왼쪽 손목을 앞으로 휙
뒤집어 넘깁니다. 이렇게 하면 겹쳐져 있던
냅킨의 위쪽 절반도, 아래쪽 절반도 앞으로
넘어갈 거예요.

7 이제 냅킨을 빙글빙글 꼬아서 동전이 여전히
냅킨 속에 단단히 싸여져 있는 듯이 보이게
합니다. 동전의 모퉁이를 쥐고 살짝 비틀어 짜내세요.
그러면 동전은 마법의 힘으로 냅킨을 통과하여
올라올 겁니다. 적어도 관객들에게는 그렇게 보일
거예요!

마술 놀이 46
동전아, 말해 줘

★ 필요한 것: 각기 값이 다른 동전 4개, 탁자

이 속임수가 얼마나 간단한지 여러분은 감탄하실 겁니다. 정말로 마법의 힘이라고 관객들이 납득하게 하려면, 그럴싸한 이야기를 익혀 두는 걸 잊지 마세요!

1 텔레파시에 관해 이야기하며, 준비해 둔 동전 4개를 탁자에 올려놓으세요. 여러분은 등을 돌린 채로, 지원자가 동전을 1개 택하도록 합니다. 그 사람에게 동전을 꼭 쥐고 정신을 집중해서, 그의 마음에서 흘러나오는 전파를 여러분이 잘 잡아낼 수 있게 해달라고 말하세요!

2 잠깐의 시간 동안 소리 없이 정신을 집중해 보세요. 생각의 파동을 잡아내는 시늉을 하면서 말이에요. 그러나 여러분이 진짜로 하고 있는 일은 천천히 30까지 세는 것이지요.

3 30에 도달하면 지원자에게 아무런 생각도 수신되지 않는다고 낙심한 듯이 말하면서, 혹시 정신을 힘껏 집중하지 않은 것 아니냐고 그 사람을 탓해 보세요. 지원자가 뭐라고 대꾸하건 간에, 이번에도 동전을 여러분이 보고 있지 않는 사이에 다른 동전들과 같이 다시 탁자에 놓아달라고 하세요. 그리고 지원자가 골랐던 동전이 어느 것인지, 동전들이 여러분에게 말해 줄 거라고 하세요.

4 몸을 돌려 동전을 차례차례 집어서, 동전이 여러분에게 '이야기하는' 소리를 듣는 것처럼 여러분의 귀 높이까지 들어올리세요. 사실 여러분이 진짜로 하고 있는 일은 바로 각각의 동전을 손으로 느끼는 거예요. 왜냐하면 지원자가 들고 있던 동전은 체온으로 인해 다른 동전들보다 훨씬 따뜻할 테니까요.

5 제일 따뜻한 동전을 찾아내는 즉시 관객들에게 보여주고 박수가 터져 나오기를 기다리세요!

이 동전이 이렇게 말하는 소리를 들었어요….
♪나야 나… ♪♪나야 나♪

마술 놀이 47

흐느끼는 동전

★ 필요한 것: 동전 1개, 젖은(그러나 물이 뚝뚝 떨어지지는 않는) 작은 스펀지 조각 1개

감정이 풍부한 동전이라고요? 세상에 이런 기막힌 일이!?

스펀지

1 관객이 도착하기에 앞서, 스펀지 조각 1개를 물에 적신 다음 반드시 관객들이 보지 못하도록 동전과 엄지손가락 사이에 딱 끼워 두세요. 동전이 눈물을 흘리며 '울게' 만드려면 꼭 스펀지에 물을 충분히 적셔 두어야 해요!

2 관객들이 오는 대로, (젖은 스폰지는 엄지손가락으로 감추면서) 엄지손가락과 집게손가락으로 동전을 들어올리세요. 그리고 몇몇 동전들이 얼마나 감정적인지에 대해 관객들에게 굉장히 그럴싸한 이야깃거리를 들려주면서, 여러분이 이 동전을 울릴 수 있다는 데 한 표 걸겠다고 하세요!

3 이제 동전에게 고함을 지르면서 스펀지를 살살 짜보세요. 눈물이 흘러내리기 시작할 겁니다!

4 눈물이 멈추는 대로 동전과 스펀지를 호주머니 속에 넣으세요. 혹시 관객들이 동전이 진품인지 확인하고 싶어하더라도 걱정 마세요. 그냥 동전을 다시 끄집어내면 되니까요. 물론 스펀지는 빼고서요.

헉…! 이 작은 동전이 이렇게나 슬퍼하다니! 내가 널 울렸니, 동전아?

덥석!

★ 필요한 것: 동전 1개

   이번에도 마술사를 굉장히 똑똑한 사람으로 만들어 주는 간단한 동전 마술이에요! 동전 1개를 손바닥에 올려놓은 다음, 여러분이 손을 꼭 쥐기 전에 동전을 가로챌 수 있을지 관객과 내기를 하는 것이 바로 이 마술의 핵심입니다. 관객은 여러분에게서 동전을 가로챌 수 없겠지만, 역할을 바꿨을 때 여러분은 단번에 동전을 잡아내지요.

1 동전을 손바닥에 올려놓고 평평하게 둡니다. 여러분의 손 위로 지원자가 손을 들고 있게끔 시키세요.

2 이제 그 사람은 여러분이 손을 꼭 쥐기 전에 동전을 빼앗으려고 시도하겠지요. 최대한 빠르게 행동하세요. 속임수가 없다면, 매번 실패할 거예요.

3 자, 이제 역할을 바꿔 보세요.

4 어떻게 하면 되냐고요? 엄지손가락과 나머지 손가락을 함께 놓습니다. 서로 닿지는 않게끔요. 그리고 반드시 모든 손가락이 동전을 향해서 아래를 가리키게 해둡니다.

5 재빠르게 손을 아래로 움직이세요. 지원자의 손등을 손끝으로 살짝 치면서요. 이 행동은 곧 그 사람의 손이 아래쪽으로 살짝 밀려난다는 뜻입니다. 그리고 동전은 대기중이던 여러분의 손 안으로 뛰어들 거예요. 한번 시험해 보세요! 정말로 그렇게 된다니까요!

오래된 마술의 매력

마술사라면 고전 마술을 완벽하게 익히는 데 공을 들일 필요가 있습니다.
마술 중의 일부가 구식 같거나, 너무 유명해서 어떤 속임수를 쓰는 건지 이미
모두가 아는 것처럼 느껴져도 걱정하지 마세요. 오래된 마술이라 해도, 여러분이
어떤 말을 하고 어떤 식으로 펼치느냐에 따라 관객들은 즐거워할 테니까요.
아마 여러분은 고전 마술을 선보이는 여러 가지 새로운 방식을 떠올리게 될
겁니다. 그래도 괜찮지요. 마술은 같은 형태로만 머무르지 않으니까요.

내 팔 기니?

★ 필요한 것: 여러분의 한쪽 팔, 재킷이나 코트 1벌

이건 어쩌면 고전 마술은 아닐지도 모르겠습니다만, 속임수가 자아내는 시각적 효과는 고전적이지요. 관객들은 보통 사람이라면 불가능할 것 같은 일을 마술사가 해내는 모습에 정말로 기뻐합니다.

1 여러분은 이 마술을 연습하고 또 연습해야 할 거예요. 여러분이 만들어 내는 속임수의 시각적 효과를 스스로 볼 수 있게끔 거울 앞에서 연습해 보세요. 이 마술을 펼치고 연습하는 동안에는 재킷이나 코트를 입고 있어야만 합니다.

2 첫째로, 가만히 선 채로 한쪽 팔을 구부려서 왼손과 왼쪽 손목이 허리와 동등한 높이가 되게 합니다.

3 이제 다른 한 손으로, 왼손 손등 가운뎃손가락 근처에 있는 잘 늘어나는 피부를 꼬집으세요.

4 꼬집은 채로 피부가 늘어나도록 살짝 흔들어 대세요. 이렇게 하면, 여러분이 팔을 비정상적인 길이까지 나오도록 소매 밖으로 잡아당기고 있는 걸로 보인답니다. 이 마술에서 여러분이 해야할 일은 이게 다예요. 하지만 근사한 이야깃거리를 곁들이며 자연스럽게 진행한다면 이 마술은 아주 효과적이지요. 예를 들어, 여러분은 (실제로 있는 나라인!) '네팔'이나 '기니'를 이용해 '내 팔 기니' 등의 말장난을 지어낼 수도 있겠군요.

여기쯤 소매를 몸에 대고 움직이지 않게 누르세요!

5 일단 이렇게 긴 팔을 밖으로 끄집어냈다면, 구성해 둔 이야깃거리의 일부로, 팔을 톡 친 다음 재킷 소매 안으로 다시 집어넣을 수도 있습니다.

6 이 속임수의 시각적 효과는 여러분이 팔을 정상적인 길이만큼 움직이면서, 입고 있는 재킷이나 코트의 소매를 몸쪽으로 꽉 끌어안으면 만들어지지요. 소매에 박힌 단 바로 위에 있을 여러분의 팔꿈치를 관객에게 들키지 마세요. 수법이 뭔지 내보이게 될 테니까요!

마술 놀이 50
엄지손가락 실종 사건

★ 필요한 것: 그냥 여러분의 두 손

이번 마술의 경우에는, 실제로 하는 데 걸리는 시간이 설명을 읽는 데 드는 시간보다 적을 거예요! 단, 마술을 펼칠 준비가 될 때까지 여러분은 몇 주간 연습을 해야 할 겁니다. 여러분의 왼쪽 엄지손가락 끝부분이 (피 한 방울 없이!) 마법의 힘으로 떨어져나간다고 믿게 하고 싶으실 테니까요.

1 어떻게 그렇게 하냐고요? 왼손을 여러분 앞으로 드는 것부터 시작하세요. 한 허리께의 높이에서 말이에요. 손등은 여러분을 향하게 합니다. 손가락은 곧게 펴져 오른쪽을 가리키고 있지요. 반드시 엄지손가락이 집게손가락과 평행이 되게 합니다.

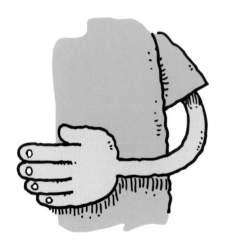

2 왼쪽 엄지손가락 끝부분을 오른쪽 엄지손가락과 집게손가락으로 뽑아내는 시늉을 하세요. 낑낑대고 끙끙대는 소리를 잔뜩 내고 일그러진 얼굴을 하며 엄살을 피워 볼까요? 물론 진짜로 엄지손가락 끝부분을 뽑아낼 순 없지만 말이에요, 그렇죠?

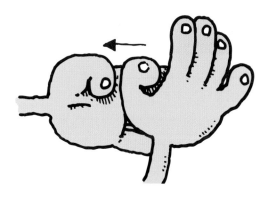

3 흠, 아니 어쩌면 뽑아낼 수도 있겠군요! 한 번 더 시도해 보세요. 그리고 이번에는 오른쪽 집게손가락을 왼쪽 엄지손가락 관절 위에 올려놓으면서 왼쪽 엄지손가락의 윗부분을 아래로 구부리고, 오른쪽 엄지손가락을 그 위에 놓아 감쪽같이 대체하도록 합니다.

4 아까의 과정이 어렵게 느껴졌다면, 이 과정을 해보면 그닥 어렵지도 않았단 것을 아시겠군요! 오른손의 다른 손가락들을 접어서 관객들이 여러분의 오른쪽 엄지손가락 끝부분을 명확히 볼 수 있게 하세요. 어디냐면, 지금은 마치 여러분의 왼쪽 엄지손가락 끝부분처럼 보이는 그 부분이지요. 여기까지 잘 해내셨나요? 좋아요!

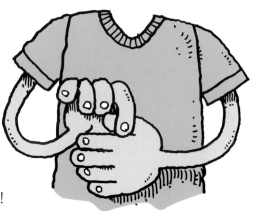

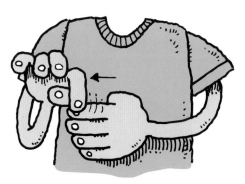

5 이 착시 마술을 완성하려면, 왼손은 움직이지 않게 가만히 두고 천천히 오른쪽 엄지손가락을 왼쪽 집게손가락 윗부분을 따라 미세요. 그리고 천천히 원래 있던 지점으로 밀어서 돌려놓습니다.

6 양쪽 엄지손가락이 맞닿는 위치까지 오면, 엄지손가락이 2개 다 온전히 붙어있는 두 손을 들어 관객들에게 보여주세요! 그리고 허리를 굽혀 인사해 보세요!

수상한 실크 손수건

★ **필요한 것**: 조그만 살구색 고무줄 1개, 무늬가 있는 큰 사각형 실크 손수건 1장, 반지 1개, 탁자

이건 여러분이 어디에서나 할 수 있는 실용적이고 간단한 마술입니다. 어린 친구든 성인이든 똑같이 즐거움을 느끼기에 더없이 좋지요! 여러분이 반지를 사라지게 만들 수 있다는 걸 관객들에게 보여주자고요!

1 관객을 마주하기에 앞서, 고무줄 1개를 왼손의 세 손가락 위로 쓱 끼워 놓으세요.

2 관객들이 도착하는 대로, 준비해둔 실크 손수건을 오른손에 꺼내 들고 여기저기 흔들며 모든 시선이 손수건으로 향하게 하세요! 관객들이 왼손의 고무줄을 눈치채지 못하길 바랄 테니까요.

3 과장된 몸짓으로 손수건을 왼손 위에 펼친 다음, 몰래 엄지를 고무줄 안으로 쓱 집어넣어 고무줄이 살짝 더 벌어지게 합니다.

4 관객들에게 혹시 여러분이 반지를 하나 빌릴 수 있는지 물어볼까요? (물론 반지를 가진 사람이 없다면, 여러분의 탁자 위엔 우연히도 반지가 하나 있겠군요!)

5 관객 모두에게 반지를 보여준 다음, 고무줄 위에 있는 실크 손수건 위에 올려놓으세요. 비어있는 손으로는 마법의 문구를 연호하며 반지를 문지르세요. 물론, 여러분이 하고 있는 일은 바로 고무줄을 지나, 그 밑 실크 손수건의 접혀진 부분으로 반지를 밀어 넣는 것입니다.

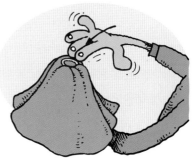

고무 밴드

접힌 부분 속으로 밀어 넣어진 반지

6 극적인 몸동작을 하고 마법의 말을 외치는 동안, 고무줄을 손가락에서 쓱 빼내고 반지를 손수건의 접힌 부분에 묶어 둡니다.

접혀진 부분에 있는 반지

7 오른손을 써서 손수건을 극적으로 휙 치우고, 왼손에서 반지가 사라진 것을 보고는 정말로 놀란 얼굴을 해 보세요.

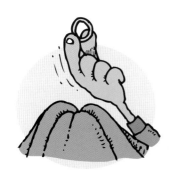

8 실크 손수건을 왼손 위로 다시 펼쳐서 반지가 돌아오게 합니다. 손수건 속의 접혀진 부분으로 오른손을 뻗은 다음 미소를 지으며 반지를 끄집어내세요!

유령의 손

★ 필요한 것: 여러분의 두 손, 동전 1개

여러분이 훌륭한 연기력을 발휘해서 매끄럽게 선보인다면, 이 마술은 모든 사람을 즐겁게 해줄 겁니다!

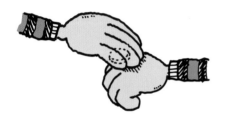

1 왼손으로 주먹을 쥐고, 오른손으로는 동전을 주먹 위로 들어올리세요.

2 관객들에게 여러분이 동전을 밀어 그대로 손을 통과하게 하려 한다는 것을 말해주세요. 그리고 왼손의 손가락 사이로 동전을 밀기 시작합니다.

3 계속 하면, 동전은 매끄럽게 여러분의 손가락 뒤로 들어가 눈에 띄지 않을 거예요. 여러분이 자랑스럽게 동전이 손을 '통과해 들어갔다'는 걸 공표할 수 있도록 말이에요.

손가락 사이로 들어가는 동전

4 꼭 쥐었던 주먹을 펼치세요. 그런데 그 안에 동전은 없군요. 여러분은 동전이 들어가는 도중에 손 속에 끼었다고 믿는 척해야 해요! 관객들에게 동전이 어디에 있을 것 같은지 물어보세요. 언제나 자신이 정답을 안다고 믿는 사람이 있답니다!

5 다시 한 번 해 볼까요? 이번엔 조금 까다로운 부분도 더해서요. 왼손을 다시 뒤집어 주먹을 쥐는 동안, 여러분의 엄지손가락은 동전이 끼어져 있는 손가락들을 닿을 듯 말 듯 건드립니다. 이렇게 하면서, 다시 손으로 주먹을 쥐는 것과 동시에 동전이 손가락 밑으로 빠져나와 왼손으로 들어가게 하세요.

6 여러분이 마술을 연습하고 또 연습했기에 모든 과정이 매끄럽게 진행되는군요. 관객들은 어떻게 한 것인지는 몰라도 동전이 여전히 손가락 사이에 숨겨져 있을 것이라 추측할 겁니다. 이번에는 더 세게 동전을 밀어보겠다고 말하세요. 그리고 천천히 주먹을 뒤집은 다음, 활짝 펴서 동전을 드러내세요!

고전 스카프 마술

★ 필요한 것: 보드랍고 긴 스카프 1장, 목까지 오는 상의 1벌

대부분의 고전 마술은 매우 간단합니다. 이 속임수처럼 말이에요. (나이가 어리건 많건) 마술사의 진짜 비결은 어려운 마술을 하는 것이 아니라, 어떤 마술이든 매끄럽고 전문가답게 해내는 데에 있으니까요!

1 보드라운 스카프를 목까지 오는 상의의 목 부분 앞쪽으로만 집어넣고 양옆으로 늘어트려 관객을 속일 준비를 갖춰 두세요.

2 관객들 앞에서 스카프의 양 끝을 단단히 쥔 다음, 셋까지 세고 양끝을 앞으로 당기세요. 아니, 어쩌면 **"비비디 바비디 부!"**를 연호하며 당겨도 괜찮겠지요.

3 이 착시 마술을 완성하려면, 한 번의 빠른 동작으로 스카프를 앞으로 당겨야
합니다. 마치 스카프가 여러분의 목을 직접 통과해서 나온 듯이 보이게 하는
것이죠! 그리고 박수가 터져 나오기를 기다리면 된답니다.

> 비비디
> 바비디 부!

> 저기요… 저한테 수갑을 채운
> 다음, 몸을 옴짝달싹 하지 못하게
> 하는 구속복을 입혀서 얼어붙은
> 강 위에 매달아 두셔도 되고…
> 저를 감옥에 가둔 다음, 열쇠를
> 던져 버리셔도 되는데…
> 제발 제 배를 때리지는 마세요!

알고 계셨나요?
해리 후디니는 고통스럽게 죽었습니다. 그가
배에 가해지는 어떤 강한 타격도 이겨낼 수
있다는 걸 들은 한 학생이, 후디니가 미처
준비가 되기도 전에 그를 세게 가격했기
때문이지요. 그는 병원으로 실려가서는
며칠 뒤에 죽었지요.

마법의 고깔모자

★ 필요한 것: 비밀 주머니가 달린 종이 고깔모자 1개, 실크 손수건 1장

특수 고깔모자를 구하는 것을 강력 추천 드립니다. 아니면 이번 마술을 위해
여러분만의 고깔모자를 만들어 두는 것도 아주 좋은 방법이에요. 아마 이 마술은
여러분이 선보이는 최고의 속임수 중 하나가 될 테니까요. 관객에게 실크 손수건이
사라질 거라고 이야기해 보세요!

비밀 주머니

1 접혀 있는 고깔모자를 펼친 다음, 장치가 없는
평범한 고깔모자라는 것을 관객에게 보여
주세요. (우리는 그렇지 않다는 걸 알고 있지만요!)

비밀 주머니

2 다시 고깔모자 모양으로 접은 다음, 준비한 실크
손수건을 비밀 주머니 속으로 밀어 넣으세요.
관객들에게는 손수건을 그냥 고깔모자 속으로 밀어 넣고
있는 걸로만 보일 거예요.

3 마법의 주문을 외친 다음, 고깔모자를 든 채로 두 손을
마주 치세요. 고깔모자와 주머니 속의 손수건이 둘 다
납작해지도록 말이에요!

4 고깔모자를 조심스레 펼치고, 앞면에도
뒷면에도 아무것도 없다는 걸 보여주세요.
손수건이 없어졌군요!

마술 놀이 55

달걀이 기가 막혀

★ 필요한 것: 달걀 1개, 실크 손수건 1장, 연필 1개, 찻숟가락 1개, 달걀 얹을 컵 1잔(선택 사항)

재치 있는 이야기를 잔뜩 섞어서 잘 진행한다면, 이 마술은 관객들로 하여금
여러분이 달걀에서 손수건을 끄집어낼 수 있다고 믿게 만들 겁니다.

1 첫째로, 조심스럽게 달걀을 준비해 두어야
합니다. 날달걀의 옆쪽에 구멍을 뚫은
다음, 달걀 속 내용물을 조심히
따라내세요. 내용물은 따로 보관해서
나중에 먹고, 껍질은 안쪽을 씻은 다음
자연스럽게 마르도록 둡니다. 껍질이
다 말랐다면, 연필을 써서 여러분의
실크 손수건을 조심스레 구멍 속으로
찔러 넣으세요.

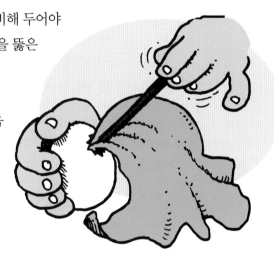

뒤쪽에 난
구멍

2 이제 관객들에게 여러분이 손수건을
잃어버렸다고 믿게 하세요. 단, 여러분은
손수건을 찾으려 하는 대신, 달걀을 하나 먹을 겁니다.
물론 관객들은 그게 삶은 달걀이라고 생각할 거예요.
그러니 관객들이 볼 수 있게 공중에 달걀을 들어올릴 때
(달걀에 난 구멍은 여러분을 향해 돌려놓고서) 매우
뜨거운 듯한 시늉을 해도 괜찮겠군요.

3 이제, 달걀을 다시 탁자에 돌려놓고
숟가락으로 살살 치세요. 그리곤 헉 하고
숨을 들이켜면서 "아니, 이런 기막힌 달걀이 있나!
여러분은 제가 손수건을 어디에서 찾았는지 절대
짐작도 못하실 겁니다"와 같은 말을 던지세요.

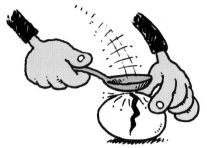

4 들뜬 상태로 달걀을 쪼개 볼까요? 손수건을 끄집어내서 공중에 흔드세요!

마술 놀이 56

공은 과연 몇 개?

★ 필요한 것: 작은 스펀지 공 3개

이번 마술을 위해서는, 새로운 기술을 한 가지 배울 필요가 있을 거예요. 바로 '파밍' 즉, 손에 물건을 감추는 기술이지요.

1 첫째로, 스펀지 공을 손에 감추는 걸 익힐 필요가 있습니다. 적어도 아주 큰 물건은 아니로군요! 공 1개를 손바닥에 올려놓으세요. 엄지손가락을 살짝 끌어들여 공이 제자리에 있게 하세요. 제대로 했다면 공은 움직이지 않을 겁니다. 여러분이 손을 똑바로 들더라도요. 손을 여기저기로 많이 움직여도 스펀지 공을 그 자리에 그대로 있게 할 수 있을 때까지 연습하세요. 그리고 이제 공 2개를 손에 감춰 보세요!

2 일단 파밍을 정말로 잘 할 수 있게 되면, 다음 단계로 올라갈 준비가 되었답니다. 그건 바로 관객들을 속이는 일이지요.

3 공연을 시작하기 전에, 공 3개를 전부 호주머니에 가지고 있으세요. 관객들에게 호주머니 밖으로 공 2개를 꺼내겠다고 말합니다. 관객들에게 오른손에 든 공 2개를 보여주세요.

사실 공 1개는 손에 감추었기 때문에, 여러분의 오른손에는 공이 3개가 있지요.
그러나 관객들에게는 오직 그중 2개만 보여야 해요.

4 관객들에게 공 하나를 왼손으로 옮긴다고
말합니다. 그리고 공을 옮기는 동안, 몰래
세 번째 공도 왼손으로 옮기세요.

5 이제 공 2개를 공중에 들어올리세요. 한
손에 각각 하나씩이요. 그리곤
관객들에게 여러분이 공을 한 손에 각각 하나씩
들고 있는 게 틀림없는지 물어봅니다. 관객들은 물론
틀림없다고 할 거예요. 그런 다음, 오른손에서
왼손으로 공을 옮기세요. 옮기는 동안 "당연히 이제 저의 왼손엔 공이
2개 있겠네요, 그렇죠?" 라고 말하면서요.

6 하지만 물론, 공은 2개가 아닙니다. 여러분의 손에는 버젓이 공 3개가 자리잡고
있네요!

7 파밍은 여러분의 전 마술사 생활에 걸쳐 매우 요긴하게 쓰일
겁니다. 잘 할 수 있도록 충분히 연습해 두세요!

물론 이건 진짜 수류탄이고 말고요….
마술은 모든 게 '진짜'지요!

알고 계셨나요?
제2차 세계 대전 당시, 많은 마술사들이 군부대를 즐겁게
해주었습니다. 마술사들은 자국 내에서 공연하는 것은
물론, 해외로 원정을 나가기도 했답니다.

영원히 둘이서

★ 필요한 것: 종이 화폐 1장, 클립 2개

또 하나의 간단한 마술이로군요. 관객들에게 여러분이 클립에 손을 대지 않고 2개가 서로 이어지게 만들 수 있다고 말해 주세요!

1 관객들의 바로 앞에 서서 1000원짜리 지폐를 Z 모양으로 접으세요. 그림에 나와 있는 것처럼 클립을 접혀진 지폐 위에 꽂아 놓습니다.

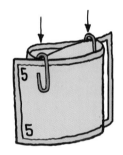

2 지폐를 들어올려서 관객들이 지폐가 현재 어떤 모습인지 볼 수 있게 해주세요. 그리고 맨 앞 줄에 있는 관객들에게 몸을 수그려서 피해야 할 지도 모른다고 경고해 주세요!

3 이제 조심스럽게 지폐의 양끝을 쥐고 재빠르게 탁 하고 펴서 지폐가 원래의 반듯한 형태로 돌아가게 합니다. 클립은 서로 이어져서, 어쩌면 관객들 속으로 곧장 날아갈 가능성도 있겠군요!

4 크나큰 박수 소리가 터져 나오기를 기다리세요.

빙글빙글 도는 달걀

★ 필요한 것: 날달걀 11개, 완숙된 달걀 1개, 탁자

무엇을 어떻게 하든 간에, 날달걀을 하나라도 깨트리지는 마세요!

1 하나의 달걀을 미리 삶아서 이번 마술을 준비해 두세요. 그런 다음, 달걀이 식었을 때 다른 날달걀과 같이 달걀판에 놓아둡니다. 단, 완숙된 달걀의 위치를 반드시 기억해 두세요.

2 관객들 앞에 서는 대로, 11명의 관객을 골라 달걀을 하나씩 나누어 주세요. 완숙된 달걀은 여러분 몫으로 놓아둡니다.

3 가지고 있는 (여러분 말고는 아무도 완숙된 상태란 걸 모르는) 달걀로 관객들에게 어떻게 달걀을 돌리는지 보여주세요. 물론 미리 연습을 해둬야 하겠죠!

4 그리고 11명의 관객을 각각 불러서 가지고 있는 달걀을 돌려 보게 하세요. 날달걀은 돌지 않기 때문에, 아무도 이 깜찍한 속임수를 해내지 못할 거예요.

5 사실, 달걀판에 완숙된 달걀이 2개가 들어있다면 이 마술은 더 재미있을 거예요. 왜냐하면, 그럴 경우에 11명 중 1명은 진짜로 달걀을 돌릴 수 있을 것이고, 여러분은 그걸로 수선을 떨 수 있을 테니까요!

마술 놀이 59
아주 오래된 속임수

★ 필요한 것: 컵 3잔, 작은 스펀지 공 4개, 큰 스펀지 공 1개

이거야말로 가장 오래된 마술일지도 모르겠군요. 바로 '컵 밑에 공 숨기기'입니다!
전 세계 어느 곳에서건 마술사들은 이 속임수를 통해 관객들을 즐겁게, 또 혼란스럽게
만들곤 하지요.

이 마술에 쓰이는 특수한 컵은 마술 용품을 파는 곳이라면 어디서든 구입할 수
있습니다. 처음에는 투명한 플라스틱 컵 한 세트를 사는 것을 고려해 보세요. 마술을
익히는 동안 공이 각각 어디에 있는지 정확히 볼 수 있도록 말이에요.

각 컵에는 둥근 테두리가 있어서, 다른 컵이 한 치의 틈도 없이 완전히 포개지는
것을 막아줍니다. 만들어진 빈틈에 공을 숨길 수 있도록 말이죠. 또한, 각 컵의
바닥에는 홈이 파여 있어서 컵이 거꾸로 뒤집어져 있어도 부드러운 스펀지 볼이
구르지 않고 컵에 있도록 해 줍니다.

1 마술을 선보이기 위해서 여러분의 왼쪽 호주머니에 큰 공을, 컵 3잔에 각각
작은 공을 1개씩 넣어두세요. 네 번째 작은 공은 왼손에 듭니다. 컵 안에 컵을
넣어서 쌓아 놓으세요. 컵들은 주둥이가 위로 가도록 엎어져 있어야만 해요.

2 공연을 시작하면 컵을 각각 재빠르게 뒤집으세요. 공이 컵 밑에 숨겨져 있도록요.

3 마법을 걸기 위해 모든 컵을 손으로 톡 치거나 컵 위로 손을 흔든 다음, 오른쪽 컵을 오른손으로 들어올려 컵 밑의 탁자 위에 놓여 있던 공을 드러냅니다. 그리고 컵을 왼손으로 옮겨서 손에 숨겨져 있던 작은 공을 가리세요.

4 다른 컵 2잔으로 같은 행동을 반복하세요. 관객들에게 다른 공 2개를 보여주면서요. 그리고 이미 왼손에 들고 있던 컵 위로 다른 컵들을 쌓아 놓습니다.

5 이제 각 컵을 탁자 위에 있는 공 바로 뒤에 올려놓는데, 주둥이가 아래로 가도록 뒤집어서 놓습니다. 마지막에 들어올린 컵을 오른쪽 공 뒤에 놓으세요. 두 번째로 들어올린 컵을 왼쪽 공 뒤에 놓으세요. 처음에 들어올린

컵을 가운데 공 뒤에 놓으세요. 컵을 탁자에 놓으실 때는, 컵의 주둥이가 아래로 가기 전에 반드시 감춰진 공이 컵 속으로 들어가야 합니다.

6 가운데 공을 집어서 가운데 컵 위에 올려놓으세요. 다음으로, 다른 컵을 둘 다 공 위에 올려놓으세요. 컵을 손으로 톡 치거나 그 위로 손을 흔든 다음, 컵 3잔을 한 번에 전부 들어올려 탁자 위에 있는 공을 드러냅니다. 관객들에게는 마치 여러분이 가진 마법의 힘 때문에 공이 컵의 밑바닥을 통과한 것처럼 보일 거예요. 박수가 터져 나오기를 기다려 보세요…. 그런 다음, "아니, 잠시만요. 보여드릴 게 더 있네요!" 라고 말해 볼까요?

7 겹겹이 쌓여있는 컵들을 주둥이가 위로 가게 들어서 숨겨둔 공이 이제는 중간에 있는 컵 안에 놓여 있게 합니다. 다시 컵을 분리한 다음, 빈 컵들은 주둥이가 아래로 가도록 탁자에 올려놓으세요. 오른쪽 공과 왼쪽 공 뒤에다가요. 공이 들어 있는 컵은 주둥이가 아래로 가도록 가운데 공 위에 올려놓으세요. 공 하나를 이 컵 위에 올려놓고 6단계를 반복합니다. 관객 1명을 무대 위로 초청해서 컵을 톡 치게 하면서요. 그 사람이 이를 하는 동안, 호주머니에서 큰 공을 빼내서 왼손에 듭니다.

8 겹겹이 쌓인 컵을 재차 들어 올리면, 경악스럽게도 작은 공 3개가 탁자에 있습니다. 아무렇지 않게 컵들을 주둥이가 아래로 가게 왼손에 든 다음, 마치 마술이 끝난 듯이 행동하면서 겹겹이 쌓여있는 채로 주둥이가 아래로 가게 탁자에 올려놓으세요.

9 이 대목에서는 약간의 연기력을 선보인다면 우렁찬 박수를 받게 될 겁니다. 마치 관객들에게 무언가를 말하고 싶은데, 말하면 안 되는 것처럼 우물쭈물 해 볼까요? 그리고는 속임수의 비밀을 밝히겠다고 말하세요. 바로, 여러분이 이 마술에 공을 3개 이상 사용했다고 말이에요! 컵을 들어올려서 밑에 있는 훨씬 큰 공을 보여줍니다. 더 큰 박수 갈채를 받겠군요!

뜨거운 박수 고맙습니다! 다들 고마워요!

능수능란한 심리 마술

인간의 심리를 이용하는 마술을 익힌 마술사는 많은 것을 얻을 수 있지요.
이러한 속임수는 언제나 들어맞아서, 마술사를 마치 마법사로 보이게 만들어
줄 거예요! 많은 심리 마술이 카드를 이용하고, 또 약간의 준비를 필요로
하기도 합니다. 그리고 당연히 모든 심리 마술에는 연습이 필수로 따르지요.
수고스럽지만, 이러한 노력을 할 가치는 분명히 있습니다.
전부 다 끝내주게 멋진 공연을 만드는 마술이니까요.

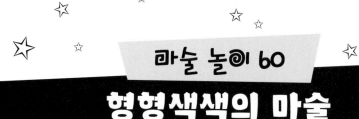

마술 놀이 60
형형색색의 마술

★ 필요한 것: 색인 카드 6장, 검은 매직펜 1개, 탁자

멋진 이름을 가진 색인 카드를 관객들에게 보여준다면, 이 마술이 실은 얼마나 단순한 지 깨달을 수 없을 만큼 관심이 쏠릴 거예요!

1 이번 마술을 위해서는 살짝 준비가 필요하지요. 색인 카드마다 각기 다른 색상의 명칭을 하나씩 적어 두세요. 각 색상 별로 글자수를 다르게 해야 하기 때문에 창의력을 발휘해서 색상들의 명칭을 적어 봅니다. 어쩌면 빨간색(세 글자), 연한 파랑(네 글자), 연한 초록색(다섯 글자), 매우 진한 노랑(여섯 글자), 매우 진한 자주색(일곱 글자), 진하지 않은 보라색(여덟 글자)이라고 적을 수도 있겠군요.

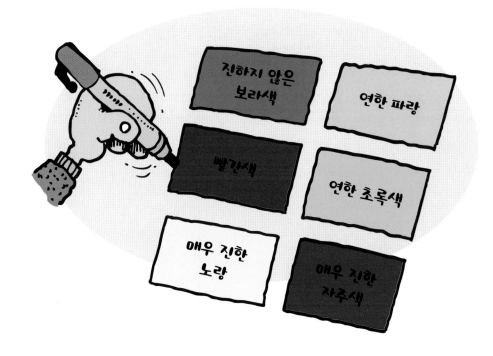

2 이제 관객을 맞이할 준비가 됐습니다. 색인 카드를 색상의 명칭이 위로 가게끔 탁자 위에 무작위로 올려놓으세요. 그리곤 지원자에게 색상을 하나 고르게 합니다.

3 지원자는 아무에게도 고른 색상의 이름을 말해서는 안 되며, 소리 없이 색상의 이름을 써야만 해요. 여러분이 카드에 1장씩 손을 댈 때마다 한 번에 한 글자씩 말이죠. 색상의 마지막 글자에 도달하면 지원자는 "멈추세요"라고 말해야 해요. 그리고 여러분의 손은 바로, 정답인 카드 위에 놓여 있을 겁니다!

4 어떻게 이렇게 되냐고요? 처음 두 글자는 여러분이 원하는 카드에 손을 대세요. 그리고 세 글자로 된 색상에, 네 글자로 된 색상에⋯ 이런 식으로 계속 카드에 손을 대세요. 이렇게만 한다면 지원자가 여러분에게 멈추라고 말할 때, 여러분의 손은 언제나 정답인 카드에 와 있을 거예요!

마술 놀이 61
괴상한 시계

★ 필요한 것: 시계의 문자판을 크게 복사한 종이, 연필 1개

복사하기에 정말로 근사한 문자판을 가진 시계를 찾아
두세요. 왜냐하면 문자판이 더 엉뚱하게 웃길수록,
여러분이 쓰려 하는 이 교묘하면서도 간단한
속임수에서 다른 곳으로 관객의 주의를 더욱
돌릴 수 있을 테니까요.

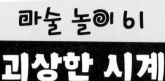

1 지원자에게 시계의 문자판을 복사한
종이를 보고 종이에서 숫자를 하나
고르도록 하세요. 소리 없이 말이에요! 그 사람이 고른
숫자에 1을 더하게 하세요. 즉, 만약 지원자가 7을 택한다면
1을 더해서 8을 만들겠군요. 이 모든 건 머릿속으로 진행됩니다.

2 만약 지원자가 처음에 생각했던 숫자를
적어 두어야겠다고 하면, 그렇게 하도록
놔두세요. 단, 반드시 여러분에겐 숫자가
보이지 않게 하고요.

3 이제 이 마술의 교묘한 부분이 나올 차례입니다! 여러분이 시계의 문자판을
연필로 톡 칠 때마다, 지금 지원자에게 있는 숫자에서 하나씩 더하며 (즉,
우리의 경우 9로 시작하겠군요!) 소리 없이 수를 세게 하세요.

4 20에 도달하면 지원자는 "멈추세요!"라고 말해야 해요. 정말 놀랍게도 여러분은 정답인 숫자에 와 있을 거예요. 그러니 시계의 문자판에 있는 숫자에 동그라미를 치고 종이의 앞면이 아래로 가게끔 그 사람에게 건네줍니다. 지원자는 관객들에게 자신이 원래 골랐던 숫자를 말해준 다음 복사한 종이를 뒤집어서 여러분이 내놓은 답을 밝혀야 해요. 여러분이 내놓는 답은 아마 매번 정답일 겁니다!

6에서부터
시계 반대 방향으로

5 정답을 맞히는 비결이 뭐냐고요? 마술을 할 때마다 시계의 문자판을 숫자 6부터 치기 시작한 다음 시계 반대 방향으로 숫자들을 치면 됩니다. 지원자가 20에서 "멈추세요"라고 말할 때, 여러분은 언제나 정답에 와있을 거예요.

6 만약 이 마술을 같은 관객들 앞에서 반복한다면, 여러분이 문자판을 매번 어디부터 치기 시작하는지 아무도 모르게 하세요.

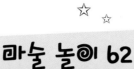

더하고 빼고…

★ 필요한 것: 종이 1장, 연필 1개

수학 능력이 좋다면, 이건 손쉬운 마술입니다. 계산기를 쓸 수야 없지요. 그냥 할 때만큼 인상적으로 보이지 않는다고요!

1 지원자에게 종이에 다섯 자리 숫자를 하나 적게 하세요. 숫자는 5개의 서로 다른 수로 이루어져 있어야 합니다. 그리고 첫째 자리는 마지막 자리보다 큰 수여야만 하지요. 지원자는 이 종이와, 종이에 적힌 수학 계산을 항상 여러분으로부터 숨겨야 해요! 예를 들어 36412를 택한다고 생각해 봅시다.

2 이제 지원자에게 숫자를 뒤집은 다음, 처음 숫자의 밑에 적으라고 하세요. 그리고 그 사람은 처음 숫자에서 두 번째 숫자를 뺍니다. 예시의 경우 답은 14949가 되는군요.

3 이제 지원자에게 이 답을 뒤집어서 답 밑에 적으라고 하세요. 그리고 2개의 숫자를 서로 더합니다.

4 답이 나왔다는 말을 들으면, 여러분은 마술사로서 어마어마한 연기를 펼쳐야
합니다. 지원자의 마음을 읽을 수 있으며, 결론적으로 나온 숫자도 알고 있다고
말하면서요. 사실 답은 언제나 109890 혹은 99099가 될 겁니다. 만약 여러분의 첫
번째 추측이 틀리더라도, 그저 안 좋은 전파를 탓하면서 "아, 이제야 저에게 전해져
오는군요…!"라고 말해 보세요.

누가누가 유명하나

★ 필요한 것: 이름을 쓸 만큼 크지만 마법의 모자 속으로 들어갈 만큼 작은 카드 10장,
연필 1개, 종이 1장, 모자 1개

여러분은 매번 정확하게 이름을 맞출 수 있을 거예요. 단, 이 마술은 같은 관객에게는
오직 한 번만 해야 합니다!

1 관객들에게 유명인의 이름을 10개만 불러달라고 하세요. 관객들이 유명인의
이름을 외치는 동안, 그 각각의 이름을 카드에 적어 모자 속에 넣어 둡니다.
흠… 아니, 관객들은 여러분이 그렇게 한다고 생각하겠지요!
하지만 여러분이 진짜로 하고 있는 일은 바로, 제일 처음
불린 이름을 반복적으로 받아 적는 것입니다.
어쩌면 처음 불린 이름은 '넬슨 만델라'일
수도 있겠군요. 그 이름만을 카드에
써서 모자에 넣어 두세요. 그리곤
다음에 불리는 이름 9개를 받아
적는 척하세요. 아마
'강다니엘', '톰 크루즈',
'셰익스피어' 및 그 외
다른 이름을 외치는 소리가
들릴 거예요. 그러나 매번
여러분은 '넬슨 만델라'를
적은 다음, 카드를 모자 속에
넣어 둡니다!

2 이제 남은 일이야 (당연히) 쉽습니다. 지원자에게 무대로 올라와서 모자에서 이름을 하나 꺼낸 다음 읽으라고 하세요. 단, 아무에게도 이름을 말하지는 말고요.

3 지원자에게 이름에 힘껏 정신을 집중해보라고 한 다음, 여러분도 같은 행동을 합니다. 마치 이게 무척이나 하기 힘든 일인 양 행동하면서요! 그리고 몇 초 뒤, 관객들에게 이제 지원자의 마음을 읽을 수 있을 것 같다고 말해 보세요. 그 후 여러분이 내놓을 답은 바로, '넬슨 만델라'지요.

4 모두 경악을 금치 못하다가 환호하며 격하게 박수를 칠 겁니다. 하지만 어떤 이유에서도 이 속임수를 같은 관중에게 반복하면 안됩니다. 그 이유야 누가 봐도 명백하지요!

마술 놀이 64
불가사의한 숫자 마법

★ 필요한 것: 종이 1장, 연필 1개

여러분의 번개처럼 빠른 계산 능력으로 관객들을 경악에 빠뜨려 보세요.

1 지원자에게 한 자리 숫자를 하나 불러달라고 합니다. (부른 숫자가 3이라고 합시다.) 그리고 지원자②에게 다른 한 자리 숫자를 불러달라고 하세요. (부른 숫자가 4라고 합시다.)

2 주저하지 않고 곧바로, 준비해 둔 종이를 꺼내세요. 그리고 이 마술의 끝부분에 나올 거라고 말하며 여러분이 예상하는 숫자를 적은 다음 관객들에게 보여주세요.

3 이제 지원자들에게 처음의 숫자를 2배로 곱하고 ($3 \times 2 = 6$), 나온 수에 두 번째 숫자를 더한 다음 ($6 + 4 = 10$), 답을 2로 나누어서 ($10 \div 2 = 5$), 처음의 숫자를 빼라고 말해주세요. ($5 - 3 = 2$)

4 여러분의 예언이 (물론) 맞았군요. 그리고 관객들은 여러분이 천재라고 생각할 거예요!

5 어떻게 계산을 했냐고요? 그거야 쉽지요. 마지막 숫자는 언제나 더하게 되는 숫자(지원자②가 택한 숫자)의 절반입니다. 여러분이 원한다면 이 마술을 몇 번이고 선보여도 괜찮습니다. 속임수는 언제나 맞아 떨어질 거예요. 그리고 이건 관객이 수법을 파악하는 경우가 아주 드문 마술이기도 하지요. 실은 정말로 간단한 데도 말이에요!

똑같은 문장이네요!

★ 필요한 것: 종이 2장, 연필 2개

이 깜찍한 속임수로 관객을 오랫동안 속일 수는 없을 거예요. 그러나 한 번 웃음을 주기에는 아주 좋습니다. 자, 관객들에게 말해 보세요. 여러분의 정신 집중력이 너무 뛰어나서, 관객들 중 누군가가 적은 것과 똑같은 문장을 적어낼 수 있을 거라고 말이에요.

1 지원자에게 2장의 종이 중 1장에 1개의 문장을 쓰라고 하세요. 그 사람이 원하는 문장으로 어떤 것이든 괜찮아요. 다 쓰면 종이를 접어서 지원자②에게 건네줍니다.

2 남은 1장의 종이를 여러분 앞에 놓고, 관객들에게 같은 문장을 적어내겠다고 말하세요. 그리고 힘껏 정신을 집중하는 척합니다. 여러분 몫의 종이에 '마술사님이 맞네요. 똑같은 문장이네요!'라고 적으세요. 그 다음, 종이를 접어서 지원자②에게 건네줍니다.

3 지원자②에게 지원자①이 쓴 문장을 큰 소리로 읽어달라고 부탁하세요.

4 다음으로, 여러분이 쓴 문장이 담겨있는 종이를 펴고 큰 소리로 읽어 달라고
하세요. 낭독자는 (당연히!) 웃은 다음, "마술사님이 맞네요. 똑같은
문장이네요!"라고 말할 거예요. 왜냐하면 그게 종이 위에 써져 있는 말이니까요!

5 관객들은 엄청나게 신기해하며 박수를 치고 환호를 할 겁니다. 낭독자가
모두에게 진실을 말해주기 전까지는 말이에요!

비밀? 세상에 비밀이 어디 있어?

> ★ 필요한 것: 종이 2장, 펜이나 연필 1개

산수를 할 때 계산기를 사용하는 사람에게는 이 속임수가 조금 어렵게 느껴질 수도 있겠군요. 여러분이 아홉 자리로 된 답을 내놓을 수 있는 계산기를 찾아서 들고 오지 않는 한, 관객은 모든 것을 종이 위에 계산해야 할 거예요!

1 여러분과 함께 이번 마술을 도와줄 관객 1명을 구하는 것부터 시작합니다.

2 지원자에게 종이 1장과 함께 펜이나 연필을 건네줍니다. 그리고 소리 없는 계산을 좀 하게 될 거라고 말해주세요. 그런 다음, 마지막에 나온 답을 보는 것만으로도 (마술사인) 여러분은 그 사람의 전화번호와 나이를 말할 수 있을 거예요!

3 제일 먼저, 지원자는 자신의 일곱 자리 전화번호를 종이에 적습니다. 그리고 거기에 2를 곱하지요. 이제 다음과 같은 과정을 거쳐야 합니다. 총합에 5를 더한 다음, 50을 곱해서 지원자의 나이(예시: 49)를 더하고 365를 더하고 마지막으로 615를 빼는 것 말이에요.

$$
\begin{array}{r}
2879192 \\
\times\ 2 \\
\hline
5758384
\end{array}
$$

$$
\begin{array}{r}
5758384 \\
+\ 5 \\
\hline
5758389
\end{array}
$$

$$5758389$$
$$\underline{\times\ 50}$$
$$287919450$$

$$287919450$$
$$\underline{+\ 49}$$
$$287919499$$

$$287919499$$
$$\underline{+\ 365}$$
$$287919864$$

$$287919864$$
$$\underline{-\ 615}$$
$$287919249$$

4 위 공식을 거쳐 나온 답의 마지막 두 숫자는 지원자의 나이에 해당합니다. 그리고 처음 일곱 숫자는 그 사람의 전화번호예요. 만약 마지막에서 두 번째 숫자가 0이라면, 당연히 지원자는 10세 미만이며, 마지막 숫자가 나이에 해당하겠죠.

5 여러분이 책이나 노트를 참고하지 않고, 지시대로 공식을 기억할 수만 있다면 이 마술은 매우 효과적입니다. 그리고 관객들이 마술을 한 번 더 보여달라고 해도 설득당하지는 마세요. 한 번의 마술로도 관객들은 충분히 놀랄 테니까요.

이걸 보려면 여러분은 좀 더 화면 가까이로 자리를 옮기셔야 할 거예요. 이 조그만 벼룩을 집진드기로 바꾸어 볼게요!

알고 계셨나요?
텔레비전이 발명된 이후로, 사람들은 집에 더 머무르기 시작했답니다. TV라는 새로운 매체에서 성공적으로 공연하고 싶은 마술사들은, 더 규모가 작고 더 정교한 속임수를 고안해 내야만 했지요.

아주 달콤한 숫자

★ 필요한 것: 각설탕 1그릇, 물 1잔, 탁자, 연필 1개

많은 연습과 자연스러운 입담은 여러분이 이 인기 있는 마술을 잘 펼치도록 도와줄 거예요.

1 각설탕이 든 그릇과 물이 든 유리컵을 관객들 앞에 있는 탁자에 올려놓으세요. 지원자에게 1에서 10 사이의 숫자를 하나 고르게 시킵니다. 연필을 써서, 지원자가 고른 숫자를 까맣게 각설탕 위에 적으세요.

엄지 손가락에 숫자를 찍으세요!

2 각설탕을 다른 관객들에게 보여주세요. 그리곤 엄지와 다른 손가락 사이에 놓고 누릅니다. 숫자가 있는 면이 엄지손가락을 마주보게 하면서요. 누르고 있으면 엄지손가락에도 숫자가 찍힐 거예요. 이제 각설탕을 물이 든 유리컵 속에 떨어트려서 용해되게 합니다.

손바닥에 숫자를 찍으세요!

3 유리컵 위로 지원자의 손을 잡습니다. 고른 숫자가 그의 손에 나타나게 하기 위해 여러분의 정신 능력을 발휘하고 있는 중이라고 말하세요. 지원자의 손바닥에 엄지손가락을 대고 누르세요. 이제 그의 손바닥에도 여러분의 엄지손가락에 있던 숫자가 찍힐 겁니다.

4 "비비디 바비디 부!"라고 말하세요. 그리고 지원자의 손을 들어올려 손바닥에 찍힌 숫자를 전체 관객들에게 보여줍니다.

소름 돋는 주사위 점

★ 필요한 것: 주사위 3개, 펜 1개, 종이 1장, 탁자

이번에 나온 멋진 마술을 펼칠 때는, 반드시 주사위의 양쪽 맞은편은 7로 합산된다는 걸 기억하세요. 그래야 똑똑한 마술사가 될 수 있답니다.

1 이번 마술에서는 극적인 말과 행동을 잔뜩 사용하세요. 왜냐하면 여러분이 무언가를 하지 않아도 속임수는 저절로 성립하니까요. 관객들에게 3개의 주사위, 준비해둔 펜과 종이를 보여주세요. 그리고 여러분을 도울 관객을 1명 구합니다.

2 관객에게서 등을 돌리고 무대 뒤쪽에 서 있는 채로, 지원자에게 3개의 주사위를 굴려 달라고 합니다. 어떤 순서든 마음대로 집어 든 다음, 주사위를 주사위 위에 올려서 차곡차곡 쌓아 달라고 하세요.

3 여전히 관객들에게서 등을 돌린 채로, 지원자에게 주사위의 가려진 5면에 있는 숫자들을 조심스레 합산해달라고 합니다. (다음 장에 나오는 삽화를 보세요.) 지원자는 계산 후 나온 숫자를 종이에 적은 다음, 관객들에게 소리 없이 보여줄 거예요.

4 관객들이 모두 숫자가 적혀 있는 종이를
보았다면, 지원자는 종이를 찢어버립니다.
이제 여러분이 등을 돌리고 다시 관객들을 마주할
차례네요. 탁자로 이동해서 차곡차곡 쌓인
주사위를 빤히 쳐다보세요.

5 두 손을 머리에 가져다 대세요. 그렇게 정신을
집중하는 척하다가, 큰 소리로 정답을 외쳐서
엄청난 박수를 받아 보세요!

6 이 마술의 비밀은, 처음에 말했던 것처럼
주사위의 양쪽 맞은편은 언제나 7로
합산된다는 데에 있지요. 여러분에겐 주사위가
3개 있습니다. 즉, 7에 3을 곱하면 21이 되는군요.
몸을 돌려서 앞으로 나올 때, 주사위의 맨 위에
있는 숫자를 봐 둡니다. 만약 그 숫자가 5라고
칩시다. 그렇다면 21에서 5를 빼면? 16이
나오는군요. 관객들에게 종이에 적혀있는 숫자는
16이라고 말해 주세요. 여러분이 내놓은 답은
완벽히 정답일 겁니다.

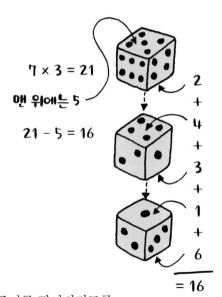

$7 \times 3 = 21$

맨 위에는 5

$21 - 5 = 16$

$$
\begin{array}{r}
2 \\
+ 4 \\
+ 3 \\
+ 1 \\
+ 6 \\
\hline
= 16
\end{array}
$$

7 관객에게서 등을 돌리고 서거나, 지원자가 종이를 찢어버리도록
하거나, 마치 여러분이 답을 알아내느라 힘겨운 듯이 연기하는 건
극적인 분위기를 더해줄 뿐이지요. 답은 언제나 바로 여러분 앞에
있습니다!

5

마술 놀이 69
마법의 햇수

★ 필요한 것: 펜 1개, 종이 2장, 봉투 1장, 계산기 1대(선택 사항)

간단하지만 무척 흥미로운 이 마술에 필요한 건, 과연 올해가 몇 년도인지 아는 것뿐입니다!

1 종이 1장에 숫자를 1개 적은 다음, 봉투에 집어넣으세요. (관객들은 무작위로 선택된 숫자라고 생각하겠지만, 여러분은 언제나 올해 연도를 두 배로 곱해서 적을 거예요. 즉, 올해가 2020년도라면 여러분은 4040을 적으면 되는 겁니다.) 봉투를 봉한 다음, 마술에 참여할 관객을 1명 찾으세요.

2 지원자가 앞으로 나오면, 봉투를 주고 여러분이 물어볼 때까지 주머니 속에 넣어두라고 합니다.

3 지원자에게 나머지 1장의 종이와 펜을 주고, 다음의 다섯 가지 항목을 적은 다음 합산하라고 하세요.

- 지원자가 태어난 해
- 지원자가 처음 학교를 다니기 시작한 해
- 내년이 오면 될 지원자의 나이(한국 나이 기준)
- 지원자가 처음 학교를 다니기 시작한 해부터의 햇수
- 위의 네 가지 총합에서 3을 빼기

④ 예를 들어, 2020년을 기준으로 11살이라면 다음과 같이 계산할 수 있겠군요. 2010+2017+12+4=4043. 그리고 여기에서 마지막으로 3을 뺍니다.

```
  2010
  2017
    12            4043
+   4           -    3
──────          ──────
  4043            4040
```

⑤ 지원자가 합산을 끝냈다면 봉투를 열어보게 하세요. 그 사람은 여러분이 이미 같은 답을 적어서 봉투에 넣어 두었다는 것을 알고 경악할 겁니다!

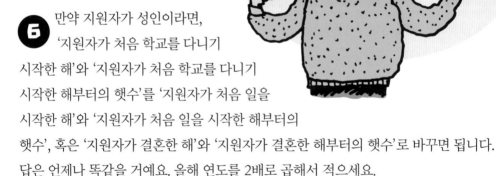

⑥ 만약 지원자가 성인이라면, '지원자가 처음 학교를 다니기 시작한 해'와 '지원자가 처음 학교를 다니기 시작한 해부터의 햇수'를 '지원자가 처음 일을 시작한 해'와 '지원자가 처음 일을 시작한 해부터의 햇수', 혹은 '지원자가 결혼한 해'와 '지원자가 결혼한 해부터의 햇수'로 바꾸면 됩니다. 답은 언제나 똑같을 거예요. 올해 연도를 2배로 곱해서 적으세요.

옛 마술사들의 카드 속임수

★ 필요한 것: 카드 1벌

이건 여러분이 아무것도 하지 않아도 저절로 성립하는 마술입니다. 그러니
여러분께서는 관객들을 즐겁게 해주는 이야기를 계속 이어 나갈 필요가 있겠지요.
준비한 이야기를 들려주기에 앞서, 재미있게 말하는 연습을 미리 해 두세요.

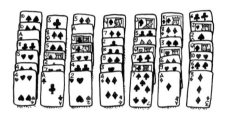

1 1벌의 카드에서 카드를 마음대로 3장
빼내세요. 즉, 여러분의 손엔 이제
카드가 49장 있습니다.

2 지원자를 1명 뽑아, 카드를 1장 골라 기억해 둔 다음 다시 카드 전부를 섞으라고
하세요. 그리고 모든 카드의 앞면이 아래로 향하도록 들게 하세요. 그 다음,
앞면이 위로 향하도록 뒤집어서, 옆으로 하나씩 놓아 가로로 7줄을 만들고, 그 아래로
카드를 다시 하나씩 겹쳐 놓으라고 하세요. 그 다음 가로줄에서도 전과 같이
반복하라고 하세요. 매번 가로쪽으로 카드를 다 겹쳐서 놓고 그 아래 다음줄로
넘어가야 해요. 이렇게 해서 카드를 모두 나누어 놓습니다.

3 이 과정을 진행할 때, 여러분은 멀찍이 떨어져 계세요. 그리고 지원자를 향해
아까 기억해 둔 카드를 다시 찾아낼 때까지 카드를 살펴 보라고 이야기합니다.
왼쪽부터 오른쪽으로 놓여 있는 7개의 세로줄에 각각 번호를 매기고, 지원자가 기억해
둔 카드가 놓여 있는 줄의 번호를 말해 달라고 하세요. 그리고 각각의 세로줄에 늘어진
카드 뭉치를 7개의 뭉치로 모아줍니다. 세로 줄에 있는 카드를 각각 1뭉치씩
모았나요? 이제 지원자로 하여금 두 번째 줄 카드 뭉치를 첫 번째 줄 카드 뭉치 위에,
세 번째 줄 카드 뭉치를 첫 번째와 두 번째 줄을 합쳐 놓은 카드 뭉치 위에, 또 네 번째
카드 뭉치도 역시 그 위에 올리는 식으로 합치도록 합니다.

4 모든 카드를 한 줄씩 차곡차곡 다 올려서 모았을때, 지원자에게 카드 뭉치를 앞면이 아래로 향하도록 뒤집어 놓으라고 합니다. 그리고 이전에 했던 것과 똑같은 방법으로 카드를 7줄에 나누어 놓으라고 합니다. 다음으로, 그 사람이 선택했던 카드가 몇 번째 줄에 있는지 알려달라고 요청하세요. 또한, 사실 다른 마술사들은 이런 방법으로 계속 카드를 나누게 해서 지원자를 부려먹는다고 농담하세요. 하지만 지원자가 지친 것처럼 보이기 때문에 여러분은 두 번만 부탁하면 충분할 것 같다고요.

5 먼저 했던 것과 똑같이, 두 번째 줄에 놓인 카드는 차례로 모아서 첫 번째 줄의 카드 뭉치에 올려놓고, 세 번째 줄의 카드는 모아서 첫 번째와 두 번째 카드들 위에 올려놓고…. 그리고 마지막으로 다시 한 번만 카드를 나누어 달라고 해주세요. 잠시 후, 지원자가 카드를 나누는 중간에 멈추게 하고, 이 다음에 놓을 카드가 처음에 선택했던 카드라고 얘기해 주세요. 그리고 바로 그 카드가 맞을 거예요!

6 자, 어떻게 생각하세요? 여기에 숨겨진 비밀은 간단한 수학이랍니다. 여러분이 매번 정확하게 카드를 예측할 수 있는 공식이 있지요! 한번 알아볼까요? 두 번째로 카드가 있었던 줄의 번호에서 1을 빼세요. 그리고 그 결과에 7을 곱해줍니다. 이번엔 거기에 첫 번째로 카드가 있었던 줄의 번호를 더해 주면 되지요. 거기서 얻은 합계의 숫자가 바로, 세 번째 카드를 나눌 때 지원자가 골랐던 카드가 있을 위치입니다.

7 그러므로 만약 지원자가 선택했던 카드가 첫 번째 카드들을 나눌때 다섯 번째 줄에 있었고, 두 번째에 카드를 나눌 때 첫 번째 줄에 있었다면 공식은 다음과 같이 될것입니다. (1-1=0, 0×7=0, 0+5=5) 그래서 세 번째로 카드를 나눌 때, 다섯 번째로 나오는 카드가 바로 처음에 선택했던 카드가 되는 거지요. 가끔은 선택된 카드가 스물 몇 번째나 서른 몇 번째에 있기도 합니다. 그러면 여러분은 한참 기다려야 해요. 그 번호에 해당하는 카드가 나올 때까지 말입니다. 그래서 아주 참을성 없는 사람처럼 보이도록 연습하는 것도 좋은 방법이에요.

마술 놀이 7

책장을 넘겨라

★ 필요한 것: 종이 표지의 책 1권(180쪽에서 200쪽 정도 분량), 카드놀이용 카드 1장 혹은 명함 1장

이 마술은 여러분이 무언가 한 가지 일을 하고 있다고 관객들이 믿어야 하는 게 핵심입니다. 사실 여러분은 관객의 생각과는 다른 것을 하고 있지요!

1 여러분이 가지고 있는 책 1권을 지원자에게 넘겨주세요. 아니면 지원자에게 책을 빌리세요. 만약 빌린 책을 사용한다면, 여러분이 가진 마술 능력이 더욱 뛰어나 보일 거예요.

2 책을 들고 있는 지원자에게 책장을 넘겨서 각 장이 모두 다르고, 어떤 비밀 장치도 해두지 않은 진짜 책이라는 것을 확인하게 하세요.

3 그 사람에게 카드나 명함 1장을 건네 주세요. 그리고 책에서 아무 쪽이나 고른 다음, 펼쳐보게 하세요. 이제 지원자에게 선택한 쪽수와, 그 부분에 인쇄된 마지막 단어가 무엇인지 정신을 집중해서 기억해야 한다고 당부합니다. 이때, 여러분은 펼쳐진 책에서 그 사람이 왼쪽 페이지를 보는지 오른쪽 페이지를 보는지 잘 살펴보아야 해요. 그 다음에는 지원자에게 펼쳐진 페이지에 카드나 명함을 꽂아 둔 다음, 책을 돌려 달라고 합니다.

4 이제 여기서부터 관객들은 여러분이 마술을 통해 어떤 무언가를 한다고 생각하게 될 겁니다. 하지만 여러분은 관객들이 눈치채지 못하는 동안 사실 다른 것을 하고 있는 거죠. 여러분은 지금까지 진행한 것을 주제로, 관객들과 계속 대화를 나누세요.

입으로는 관객과 이야기를 하고 있는 동안, 손으로는 책장을 1장씩 모두 넘겨보세요. '이 책 안에 과연 몇 천 개의 단어가 쓰여 있을까' 같은 주제로 얘기를 하면서 말이에요. 그리고 지원자에게는 펼쳐 보았던 페이지의 마지막 단어가 무엇인지 계속 집중해서 생각하라고 이야기합니다. 만약 그 사람이 그렇게 하지 않는다면, 여러분이 아무리 뛰어난 정신력을 지니고 있다 해도 그 단어가 정확히 무엇인지 알아낼 수 있는 희망이 사그라든다고 말해 주세요.

5 물론 여러분이 책을 1장씩 일일이 넘기는 동안 진짜 하고 있는 일은, 책 어딘가에 끼워져 있는 카드를 찾아서 이용하고자 하는 것이지요. 여러분이 책을 넘길 때, 엄지손가락이 카드가 있는 페이지에 아주 잠깐 걸릴 수도 있을 거예요. 그 짧은 순간에는 머리를 절대 움직이지 말고, 그 페이지를 아주 재빨리 훑어봐야 합니다. 그곳이 몇 쪽인지, 그리고 지원자가 왼쪽 페이지를 봤는지 아니면 오른쪽

페이지를 봤는지에 따라서 마지막에 쓰여 있는 단어가 무엇인지 얼른 보고 기억해 놓으세요. 물론 이렇게 하는 동안에도 계속해서 책장을 넘기면서 관객과 여러분의 정신적인 능력이라든가, 다른 사람의 속마음을 알 수 있는 능력이 있다는 이야기를 해야 합니다.

6 일단 쪽 번호와 단어를 알아낸 후에는 지원자에게 기억하고 있는 단어를 더욱 강력한 텔레파시로 보내달라고 하세요. 그리고 적당한 시간을 보낸 후에 관객 앞에서 정확한 단어와 페이지 수를 이야기해 줍니다.

7 이 마술의 성공은 여러분의 쉬지 않고 재잘대는 입과, 절대 책을 살펴보지 않은 것 같은 능청스러운 연기에 달려 있어요. 무엇보다 중요한 건, 책을 안 보는 척하며 살펴보는 기술을 연습해야 해요. 보기에는 쉬워 보이지만 자연스럽게 행동하려면 엄청난 기술이 필요하거든요.

마술 놀이 72

당신의 생각을 읽어 볼게요!

★ 필요한 것: 조커를 뺀 카드 1벌, 탁자

여러분이 이 마술을 관객들 앞에서 선보이면, 그들은 여러분이 정말로 신비한 마술 능력을 가지고 있다고 믿게 될 것입니다.

1 여러분이 준비해야 할 것은 단 한 가지예요. 카드 더미에서 맨 위에 놓인 카드만 기억하면 되는 것이죠.

2 일단 관객이 모두 도착하면, 카드의 앞면이 아래쪽으로 향하게 카드 전부를 탁자에 펼쳐 놓으세요. 이때, 맨 위에 있던 카드의 위치를 반드시 기억해야 합니다.

3 관객들 중에서 참여할 인원 1명을 찾으세요. 그리고 관객들에게 텔레파시가 여러분과 지원자의 마음을 통하게 할 거라고 말해 주세요. 앞으로 나온 지원자에게는 탁자 앞에 서 있어 달라고 요청한 뒤, 카드 이름을 하나 외쳐 주세요. 그리고 지원자는 앞면의 그림을 보지 않고 카드를 찾아내야 해야 하지요. 틀림이 없다는 느낌이 올 때까지 천천히 선택하라고 지원자를 격려해 주세요.

4 여러분이 부른 첫 번째 카드는 사실 여러분이 맨 처음에 기억해 두었던 카드지요. 지원자가 정확하게 그 카드를 선택하는지 잘 살펴봐야겠지만, 정확히 그 카드를 골라낼 확률은 절대 높지 않을 거예요. 지원자가 어떤 카드를 고르든, 그 사람이 보기 전에 여러분이 넘겨받으세요.

그리고 건네받은 카드를 한번 흘깃 보고나서, "흠, 나쁘지 않네요!"하고 말해 줍니다.
다음으로, 카드의 그림이 있는 쪽을 아래로 향하게 해서 탁자에 내려 놓으면 아무도 그
카드를 보지 못하게 될 거예요. 여러분이 외칠 다음 카드의 정체는 바로 지금 여러분이
보고 탁자에 내려놨던 카드예요.

5 지원자는 다른 카드 하나를 선택해서 여러분에게 줄 거예요. 그러면 그 사람을
칭찬한 다음, 카드의 그림이 있는 면을 아래로 해서 첫 번째 카드가 놓여 있는
곳에 내려 놓으세요. 그 다음에는 방금 전에 선택되었던 카드 이름을 외쳐 주세요.
지원자는 다시 카드를 살펴보고, 하나를 선택해서 여러분에게 줄 거예요. 다시금 정말
잘 하고 있다고 칭찬해 준 다음, 이번에는 여러분이 한번 해 보겠다고 합니다.

6 마지막 카드의 이름을 외치면서 그 카드를 찾기 위해 정신을 집중해야 한다고
말하세요. 여러분이 기억해 두었던 카드 하나를 집어 듭니다. 물론 이 카드는
여러분이 첫 번째로 외쳤던 카드이지요. 나머지 카드와 함께 옆에 놓으세요. 그리고
선택된 카드 전부를 집어 드세요.

7 카드를 1장씩 모두 뒤집어서,
여러분과 지원자가 어떤
카드를 선택했는지 보여주세요. 물론
모든 카드가 일치할테고, 마술의
효과는 극대화될 거예요.

8 두 가지 팁을 줄게요! 지원자가 혹시라도 여러분이 맨 처음에 기억해 놨던
카드를 선택한다면 즉시 마술을 멈추어야 해요. 선택된 모든 카드들을 뒤집어서
여러분이 맞혔다는 사실을 증명해 보이세요. 그리고 여러분 스스로는 카드를 선택하면
안 됩니다. 한 가지 또 좋은 방법은 관객 중에서 또 누군가를 지목하여, 여러분이
외치는 모든 카드의 이름을 적게 하는 거예요. 그러면 나중에 확인해 볼 때 모든
카드를 제대로 읽어 냈다는 것이 증명되겠죠.

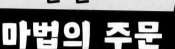

마법의 주문

★ 필요한 것: 도미노 1세트, 탁자

이 마술을 보면 마술사들의 가장 친한 친구가 왜 수학인지 알게 될 것입니다. 한 가지 꼭 기억해야 할 것은, 공연 중에는 수학 공식을 밝히면 안 된다는 거예요. 그렇게 하기 위해서는 이 마술을 하기 전에 열심히 연습해서 모든 과정을 다 기억해야 합니다.

1 도미노 1세트를 탁자에 펼쳐 놓으세요. 그리고 지원자에게 1개만 고르라고 합니다. 여러분은 그 사람이 고른 도미노를 보면 안 돼요.

5 이제 지원자에게 계산기를 주고, 아래에 적혀진 대로 따라하게 합니다.

도미노 번호 중에 하나를 선택하여 계산기에 입력하세요.　　　　　(예시: 4)

그 번호에 5를 곱해 주세요.　　　　　　　　　　　　　　　　= 20

합계에 7을 더해 주세요.　　　　　　　　　　　　　　　　　= 27

새 합계를 2배로 계산해 주세요.　　　　　　　　　　　　　　= 54

도미노를 하나 더 선택해 그 숫자(예시: 2)를 총합에 더해 주세요.　= 56

3 마지막으로, 지원자에게 이 모든 계산의 총합이 나타난 계산기를 달라고 하세요. 그리고 이제 여러분이 약간의 마술을 더해서, 지원자가 제일 처음에 선택했던 도미노에 쓰인 숫자를 알아낼 것이라고 말해 보세요.

4 천천히 **"호커스 포커스…"**라고 마법의 주문을 외치면서 계산기를 눌러 14를 빼 주세요. 위의 예시에서 계산하면 답은 42가 될 거예요. 물론 4와 2는 선택했던 2개의 도미노에 쓰여 있던 번호이지요!

5 만약 지원자가 순서를 바꿔서 2를 먼저 선택해서 계산하고, 4를 마지막으로 더했다면, 계산기에 나오는 결과는 2와 4를 결합시킨 24가 될 거예요. 만약 마지막 결과가 한 자리 숫자라면, 다른 하나의 숫자는 0이 되겠지요.

네가 이 매듭을 풀어준다면 아주 큰 도움이 될 거란다. 아아아아아… 아니다. 이것은 속임수가 아니란다, 얘야!

흥미진진한 밧줄과 고리 마술

이러한 속임수는 어린 마술사가 따라하기에 아주 좋답니다.
친구들 앞에서 뽐내면 더욱 더 좋지요.
밧줄과 고리는 크기와 색깔에 관계없이 쉽게 구할 수 있는 재료예요.
만약 마술과 관련된 특별한 물건을 파는 가게에 간다면,
마술에 필요한 특수 연결 고리도 살 수 있고, 또 세상에 존재하는
거의 모든 종류의 밧줄을 다 살 수 있답니다.

둥근 고리의 행방불명

★ 필요한 것: 밧줄 1개, 둥근 고리 1개, 손수건 1장

이 간단하고 멋진 마술로 공연을 시작한다면 아주 대단할 거예요. 이 속임수는 진짜 마술처럼 보이죠. 또 마술인 것이 확실하답니다.

1 첫 번째로 밧줄을 둥근 고리에 살짝 미끄러뜨려 넣어 주세요. 아래에 있는 그림에서 볼 수 있듯이 말이에요. 밧줄 양끝은 꼭 묶은 다음 매듭을 지어, 고리가 밧줄에 단단히 끼어 있는 것처럼 보이게 해야 합니다.

2 손수건으로 고리를 덮어서 가려 주세요. 마술에 참여할 관객 1명을 찾은 다음, 매듭이 지어져 있는 밧줄 끝을 꼭 잡고 있어 달라고 부탁합니다. 그리고 여러분은 둥근 고리를 잡고 있어야 하고요.

3 이제 밧줄에 단단히 묶여 있는 고리를 빼내기 위해, 여러분이 지니고 있는 모든 마술의 힘을 발휘해야 한다고 관객들에게 말해 줍니다. 지원자에게는 무슨 일이 일어나도 절대로 밧줄을 놓치지 말고 꽉 붙잡고 있어야 한다고 신신당부해 주세요.

4 관객들의 관심을 돌리기 위해 너스레를 떨면서, 다른 한편으로는 빠르게 손수건 속으로 한쪽 손을 살그머니 집어넣어 보이지 않게 하세요. 그리고 밧줄을 고리 위쪽으로 해서 아래쪽으로 밀어내며 벗겨 줍니다.

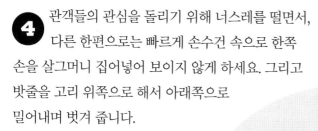

5 여러분이 좋아하는 마법의 주문을 외우면서, 과장된 몸짓으로 고리를 밧줄로부터 떼어 냅니다.

고리를 밀어서 밧줄에서 떼어주세요!

하지만 밧줄의 매듭은 여전히 묶여 있을 것이고 지원자는 그 밧줄을 그냥 그대로 들고 있을 거예요. 자, 이제 우레와 같은 박수 소리만 기다리면 됩니다.

어, 진짜 마술사네!

둘에서 하나로

★ 필요한 것: 짧은 밧줄 1개, 색깔과 굵기는 같지만 조금 더 긴 밧줄 1개

이 마술은 금방 배우고 쉽게 따라할 수 있답니다. 하지만 공연의 시작을 장식해도 될 만큼 멋지고 대단한 기술이지요. 이 속임수는 마치 마술처럼 보입니다. 그리고 마술인 게 확실해요!

1 관객들이 도착하기 전에 밧줄을 공연할 수 있는 상태로 준비해 놓으세요. 이 마술의 목표는 관객들로 하여금 똑같은 길이의 밧줄을 사용해서 매듭을 지어 놓았다고 생각하게 만드는 거예요. 그래서 똑같은 색깔과 굵기의 밧줄이 필요하답니다.

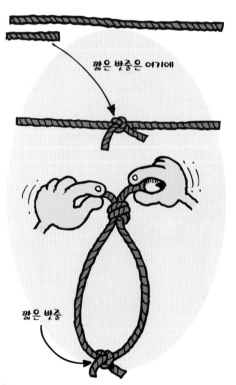

짧은 밧줄은 여기에

짧은 밧줄

2 첫 번째로, 짧은 밧줄을 긴 밧줄의 가운데 부분에 매어 놓습니다. 너무 꽉 묶지는 말아 주세요. 또한 이번에는 긴 줄의 양끝도 같이 묶어 놓으세요. 이제 여러분의 눈에도 같은 길이의 밧줄 2개를 묶어 놓은 것처럼 보이지 않나요? 만약 그렇지 않다면 다시 묶어야 합니다. 왜냐하면 똑같은 길이의 밧줄을 사용해서 묶어 놓은 것처럼 보여야 하는게 이 마술의 핵심이기 때문이죠.

3 자, 이제 공연을 시작하도록 할까요?
준비해 놓은 밧줄을 양쪽 손으로
조심스럽게 잡고 관객들에게 보여주세요. 그리고
여러분에게 능력이 있다고 관객들에게 말해 줍니다. 아주 특출난 능력이
있어서, 그 힘으로 이 2개의 밧줄을 하나의 아주 긴 밧줄로 만들 수 있다고 말이죠.

4 긴 밧줄의 양쪽으로 묶었던 진짜 매듭을 푸세요. 그리고 긴 밧줄 가운데 묶인
매듭에 대해 이야기하면서, 밧줄을 조심스럽게 조사해 보세요. 이번에는
여러분이 마법의 주문을 외워서 귀찮고 성가신 매듭을 확실히 없앨 수 있다고 얘기해

귀찮고 성가신 매듭 (짧은 밧줄)

줍니다. 관객들이 좋아하는 마법의 주문이
있나 물어본 다음, 그 주문들을 외쳐도
괜찮아요.

긴 줄을 따라
매듭을 밀어내세요!

5 관객들이 각자 좋아하는 마법의 주문을 외치는
동안, 여러분의 왼손에 밧줄을 감아줍니다. 가짜
매듭이 손에 잡히더라도 멈추면 안 돼요. 그저 계속
감으면서 긴 줄을 따라 밀어서 오른손 안으로 숨기세요.

비비디
바비디
부!

6 주문을 계속 외우면서, 왼쪽
손에 완전히 다 감았던
밧줄을 슬슬 풀어주세요. 오우,
밧줄이 하나가 되었군요!

돌아온 매듭

★ 필요한 것: 밧줄 1개

이것은 공연을 마무리할 때 아주 좋은 마술이에요. 이전 속임수하고는 완전 반대로 하는 거죠. 관객들에게 이제 밧줄에 매듭을 만들 것이라고 말해 줍니다.

1 첫 번째로, 손바닥을 위로 향하게 하여 밧줄을 양손에 걸쳐 놓습니다.

2 그리고 왼손을 조금 올려서 손바닥이 확실히 여러분쪽으로 향할 수 있도록 돌려주세요. 오른쪽 손도 그렇게 똑같이 하면 고리가 만들어 질 거예요.

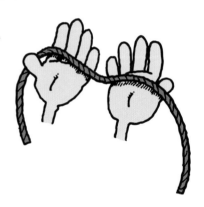

여기에 두 번 더 감아 주시고…

3 여러분이 왼쪽 손으로 잡고 있는 밧줄의 한쪽 끝을 손 위쪽으로 올려서 넘겨, 고리를 왼쪽 손에 걸어 놓으세요. 밧줄이 여러분 엄지손가락 아래쪽에 놓이게 된 다음에는 그 엄지손가락은 내려서 다시 원래의 위치에 자연스럽게 있도록 합니다.

4 밧줄은 고리를 만드는 것처럼 두 번 더 손에 감은 후, 아주 조심해서 내려놓으세요. 이제 정신을 집중해야 한다고, 그렇지 않으면 매듭이 나타나지 않을 것이라고 계속 당부하면서 관객들의 기대치를 올려놓으세요

5 천천히 밧줄을 들어 올려 줍니다. 여러분이 마술을 제대로 했다면, 밧줄이 위로 올라오면서 3개의 매듭이 정말 마술처럼 '짜잔'하고 나타나게 될 거예요. 매듭이 더 빨리 나타날 수 있도록, 마법의 주문을 외우는 것을 잊어버리지 마세요!.

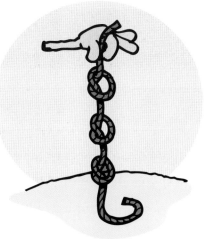

마술 놀이 77

잡았다!

★ 필요한 것: 고리 모양의 줄 1개, 둥근 고리 1개

이것은 아주 간단한 마술이지만 절대 쉽다고 할 수는 없지요. 이 속임수에서는 하나의 줄로 고리를 받아 낼 거예요. 그리고 공중으로 던지고 뒤집는 기술이 포함되어 있죠. 벌써 눈치채셨다고요? 맞아요! 연습이 꼭 필요하답니다.

1 이 마술에서 관객은 반드시 여러분의 앞쪽에 앉도록 해야 해요.

2 한 손에 고리 모양의 줄을 걸고 늘어뜨려 주세요. 손가락을 벌려서 가능한 넓게 고리 모양의 줄을 벌려 주세요.

그 다음, 둥근 고리를 고리 모양의 줄 아래쪽에 놓고 위로 쭉 올려 줍니다. 그러면 고리 모양의 줄이 둥근 고리의 안쪽으로 들어가게 될 거예요.

둥근 고리는 고리 모양의 줄 아래쪽부터 시작해서, 위쪽으로 3분의 2가 되는 지점에 두세요. 네 손가락은 위에서, 엄지손가락은 아래에 놓고 둥근 고리를 잡아 줍니다.

154

3 아이고, 이제 어려운 부분의 시작이군요! 둥근 고리를 고리 모양 줄의 맨 아래쪽으로 세게 던져야 해요. 동시에 둥근 고리를 확 뒤집어야 하고요. 그러면 둥근 고리가 두 번 회전해서, 줄로 만든 고리 맨 아래쪽에 있는 매듭에 걸릴 거예요.

둥근 고리를 고리 모양의 줄 아래쪽으로 던지고 뒤집으세요.

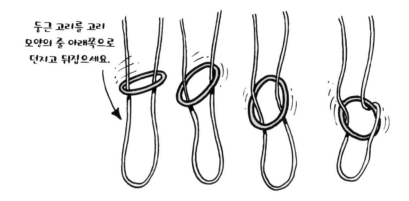

4 일단 둥근 고리가 매듭에 안정적으로 걸려 있으면, 높이 들어서 관객에게 보여주고 박수갈채를 받으세요.

5 덧붙여 한마디 하자면, 이 마술을 완벽하게 하기 위해서는 둥근 고리를 바닥에 수백 번 떨어뜨릴 만큼 연습해야 한다는 것을 명심하세요. 그렇지만 절대 포기하지 않기를 바라요. 이 마술은 공연에서 빛을 발한답니다. 지켜보는 관객들도 아주 마음에 들어 할 거예요.

여보시오, 친구. 난 빅 벤도 사라지게 할 수 있다오.

난 자유의 여신상을 5분 동안 완전히 사라지게 만들었네.

마지막으로 후지산을 본 것이 언제 인가요?

알고 계셨나요?
미국, 영국, 독일 그리고 일본에서 세계적으로 유명한 마술사가 배출되었다는 사실을…. 오늘날 세계에서 가장 유명한 마술사는 데이비드 코퍼필드지요. 그는 자가용 경비행기를 사라지게 만들었답니다. 그의 마술은 계속해서 사람들을 경악하게 하고 있어요.

매듭이 없어졌어요!

★ 필요한 것: 12인치 혹은 30센티미터 길이의 두꺼운 줄이나 노끈 1개, 커다란 성냥갑 덮개 1개

이것은 아주 멋진 속임수예요. 마술에 참여한 관객은 여러분이 줄에 있던 매듭을
없앨 수 있다고 믿을 거예요. 그리고 나머지 관객들도 마찬가지로 여러분을 믿게 될
거예요.

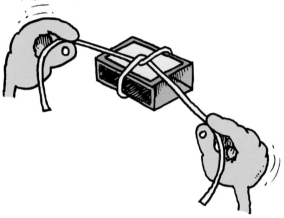

❶ 옆에 있는 그림을 참고로
하면 좋을 거예요. 줄
하나를 가져오세요. 그리고 그
줄을 이용해 성냥갑 덮개 주위를
감싸면서 매듭을 만들어 보세요.

❷ 성냥갑 덮개를 세로로 세워서 똑바로
들고, 늘어져 있는 줄 한쪽 끝을 상자
가운데에 찔러 넣어 줍니다. 그리고
지원자에게 줄이 상자 속을 통과하여
아래로 떨어지면 그 끝을 잡아 달라고
요청해 주세요.

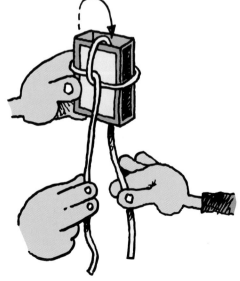

3 성냥갑 덮개에 있던 매듭을 조심스럽게, 아주 조심스럽게 살살 밀어서 덮개 안으로 넣어 줍니다. 이때, 꼭 지원자가 줄의 양끝을 잡고 있어야 해요.

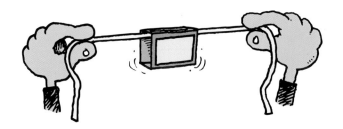

4 자, 이제 여기에서 마술을 보여주게 될 거예요. 여러분의 왼쪽 손으로 성냥갑 덮개를 붙잡고, 성냥갑 덮개의 위에서 다른 쪽 손을 움직이면서 중얼중얼 멋진 마법의 주문을 말하세요. 예를 들어서, **"수리수리 마수리"** 같은 주문을 외우면 돼요.

5 여러분은 계속해서 성냥갑 덮개를 들고 있고, 지원자에게 줄의 양끝을 아주 조심스럽게 당겨 달라고 말합니다. 물론 그 사람은 아직도 줄 양쪽 끝을 잡고 있을 거예요. 그러면 여러분은 성냥갑 덮개를 줄 아래 위로 살살 움직이면서, 모두에게 매듭이 사라진 것을 보여주세요.

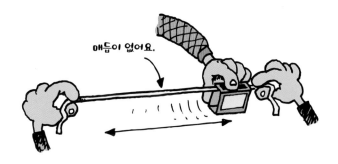

매듭이 없어요.

6 여러분이 사용한 성냥갑 덮개와 줄이 정말 진짜인지 확인하고 싶어하는 관객이 있다면, 확인용으로 건네주어도 된답니다.

밧줄로 꽁꽁

★ 필요한 것: 24인치 혹은 60센티미터 길이의 면으로 만들어진 밧줄 2개

이 속임수를 이용해서 여러분은 관객들의 손목을 매듭으로 묶어 놓을 수 있답니다. 물론 그런 다음에는 다시 매듭을 풀어줄 거예요.

1 2명의 용감한 관객을 찾으세요. 오른쪽 그림처럼, 2개의 로프를 사용해서 그들의 손목을 같이 묶어 줄 거예요.

2 이제 2명의 관객에게 '밧줄을 자르는 것'과 '매듭을 푸는 것' 외에 다른 방법을 사용하여 이 상황에서 벗어나야 한다고 말합니다. 물론 그들은 당연히 벗어날 수 없을 거예요. 그리고 이제 여러분이 나설 차례지요.

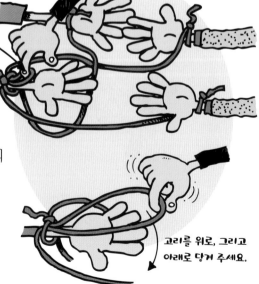

여기로 고리를 통과시켜 주세요.

3 먼저, 얽혀 있는 밧줄 중에서 가장 가운데 것을 상대편의 관객 쪽으로 잡아당겨 주세요. 그러면 고리가 만들어 질 거예요. 고리를 그 사람의 손목 쪽으로 살짝 끌어당기세요. 다음으로, 손목에 감겨져 있는 밧줄에 그 고리를 통과시키고 나서 손 전체를 위로 잡아당기면 됩니다.

고리를 위로, 그리고 아래로 당겨 주세요.

4 **짜잔!** 밧줄 수갑에 꼼짝없이 손목이 묶여 있던 관객들을 구해 줬네요. 2명의 관객들에게 서로 떨어져 달라고 부탁하세요. 그리고 열화와 같은 박수갈채를 우아하게 받아 보세요.

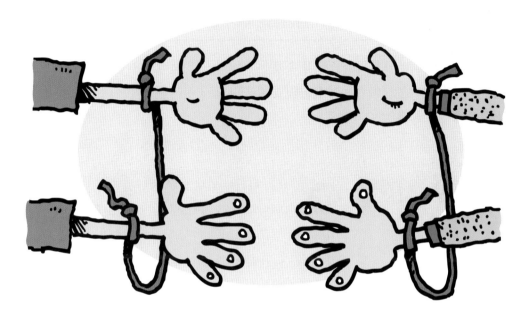

한 손으로도 충분해

★ 필요한 것: 35인치 혹은 90센티미터 길이의 밧줄 1개

이 마술은 관객들이 좋아하면서 볼 수 있는 또 하나의 기술이지요. 여러분은 오로지
한 손만 사용해서 밧줄에 매듭을 만들어 보일 거예요. 하지만 관객들은 여러분이
어떻게 했는지 절대 알 수가 없죠!

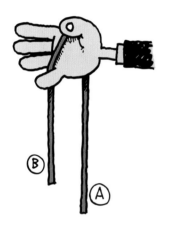

1 관객을 여러분 바로 앞쪽 방향에 앉게 해야
한다는 것을 꼭 기억하세요. 이제 밧줄을
여러분의 오른쪽 엄지손가락과 검지손가락 사이로
집어넣은 다음, 손바닥을 가로질러 새끼손가락
뒤쪽으로 넣고 늘어뜨려 줍니다. 밧줄의 한쪽 끝이 다른
쪽 끝보다 조금 더 길게 나와 있어야 해요. 그림에
묘사되어 있는 A와 B를 참고해 보세요.

2 조금 더 긴 밧줄 A를 위쪽 방향으로
한번 휙 돌려 주세요. 동시에
여러분의 손을 아래로 툭 떨어뜨리듯 내려
줍니다. 이때, 검지손가락과 가운뎃손가락
사이에 밧줄 A를 잡고 있는 것이
중요합니다.

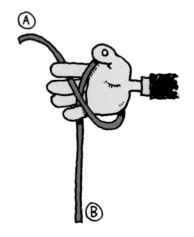

160

3 A쪽 밧줄을 검지손가락과 가운뎃손가락 사이에 넣어서 꼭 잡고, 손의 방향을 바꾸어 손끝이 바닥을 향하도록 해 주세요. 밧줄의 나머지 부분은 매듭(한 손만 사용해 묶은 매듭이죠.)을 보여주면서 여러분의 손에서 미끄러질 거예요.

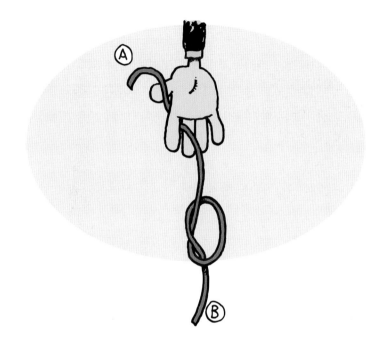

4 물론 위쪽 방향으로 밧줄을 휙 올린 다음, 돌려주는 방법을 연습해야 합니다. 하지만 이 속임수는 아주 고전적인 마술이기 때문에, 정확하게 할 수만 있다면 연습할 만한 가치가 충분히 있어요.

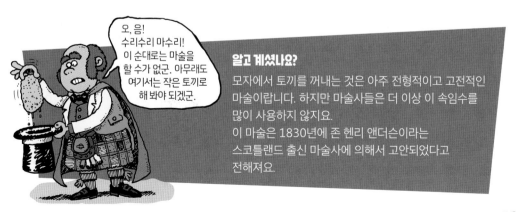

> 오, 음!
> 수리수리 마수리!
> 이 순대로는 마술을
> 할 수가 없군. 아무래도
> 여기서는 작은 토끼로
> 해 봐야 되겠군.

알고 계셨나요?
모자에서 토끼를 꺼내는 것은 아주 전형적이고 고전적인 마술이랍니다. 하지만 마술사들은 더 이상 이 속임수를 많이 사용하지 않지요.
이 마술은 1830년에 존 헨리 앤더슨이라는 스코틀랜드 출신 마술사에 의해서 고안되었다고 전해져요.

불가능? 가능!

★ 필요한 것: 18인치 혹은 45센티미터 길이의 줄 1개, 커다랗고 둥근 고리 1개

이 마술은 줄에 매달려 있는 커다랗고 둥근 고리를 빼내는, 얼핏 보기에는 불가능한 그런 기술이에요. 간단할 것 같다는 생각이 든다고요? 여러분이 줄의 왼쪽 끝이든 오른쪽 끝이든 어느 한쪽으로 반지를 미끄러뜨려 빼내지 않는 한, 절대 간단하지 않을 거예요.

1 다시 한번 애기하지만, 마술을 하기 전에 관객들을 여러분 바로 앞쪽에 배치하는 것이 중요해요.

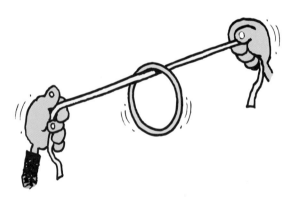

2 둥근 고리 속으로 줄을 통과시켜 주세요. 그리고 여러분이 줄 한쪽 끝을 잡은 다음, 관객에게 줄의 다른 쪽 끝을 잡아 달라고 부탁하세요. 이때, 줄을 팽팽하게 잡고 있어야 해요. 그리고 둥근 고리는 줄의 한가운데에 놓이게 해야 합니다.

3 둥근 고리의 아랫 부분을 잡고, 여러분이 있는 방향으로 1바퀴 돌리세요. 이렇게 하는 이유는 둥근 고리를 줄에 꽉 고정시키려는 것이라고 관객들에게 설명해 주고요.

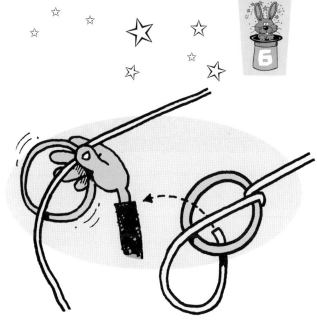

4 이제 줄이 고정되어 있는 고리의 부분을 꼭 움켜잡고는, 여러분이 잡고 있던 한쪽 줄을 그냥 놓아 버리세요. 그리고 그림에 나타난 것과 같이, 줄을 둥근 고리에 감아 주세요.

돌려 주세요.

5 다시 한번 줄을 팽팽하게 잡고서, 둥근 고리는 두 번이나 줄로 단단히 묶어 고정시켜 놨다고 관객들에게 말해 주세요.

6 둥근 고리를 슬쩍 움켜쥐고는 한번 뒤집어 주세요. 그러면 줄이 둥근 고리의 아래쪽에 가깝게 놓일 거예요.

7 마지막으로, 고리가 줄에 엮여 있는 상태에서 둥근 고리의 윗부분을 쥐고 여러분 쪽으로 잡아당기면서 빠르게 앞뒤로 살짝 흔들어 줍니다. 그러면 묶여 있던 둥근 고리가 확 빠져나올 거예요.

미래를 알려주는 시계추

★ 필요한 것: 줄 1개, 구멍 뚫린 동전 1개, 커다란 종이 1장, 연필 몇 개, 탁자

줄에 동전을 매달면, 옆으로 왔다갔다 하는 추를 만들 수 있어요. 이 추는 아주
정확해서, 잘 사용하면 관객들이 종이에 무엇을 썼는지 알 수 있답니다.

1 공연이 시작되기 전에, 동전에다 줄을 매달아 두세요.

2 이제 공연을 보기 위해 수많은 관객이
오기를 기다립시다. 준비해 두었던
커다란 종이 1장을 똑같은 크기의 여덟
조각이 되도록 손으로 찢어 놓습니다.
그리고 관객 중에서 8명을 선택하여
1장씩 나눠 주세요. 그리고 4명은 동물
이름을 하나씩 쓰고, 나머지 4명은 새
이름을 하나씩 써 달라고 하세요.

3 8명의 관객 중 1명에게 8개의 종이 조각을 모아 달라고 부탁합니다. 그 다음,
글씨가 써진 부분을 아래로 향하도록 해서 탁자에 놓아 달라고 하세요.

4 탁자 위에 펼쳐 놓은 종이 조각들 위로, 줄에 매달린 동전을 늘어뜨려서 들고
있으세요. 그리고 관객들에게 다음과 같이 설명하세요. "이 매달린 동전은 동물
이름이 적혀져 있는 종이 위에서는 앞뒤로 흔들리겠지만, 새 이름이 적혀져 있는 종이
조각 위에서는 원을 그리며 둥글게 움직일 겁니다"라고요.

5 이제 동전을 각각의 종이 조각 위에서 앞뒤로 흔들리게 하거나, 아니면 원을 그리며 둥글게 움직이도록 만드세요. 그리고 여러분이 각각의 종이 위에서 무엇을 보고 있는지에 따라서 동물 이름이 적혀 있는지 아니면 새의 이름이 적혀 있는지 말하세요. 그리고 즉시 종이 조각을 뒤집어서 여러분이 맞았다는 것을 보여주세요.

6 이 마술을 할 때, 여러분은 두 가지 철칙을 꼭 기억해야 해요. 첫 번째는, 종이를 찢을 때 반드시 가위가 아닌 손을 사용하라는 거예요. 그래서 자르라는 단어 대신 찢으라는 단어를 쓴 거죠. 종이의 네 귀퉁이에 있던 조각은 매끄러운 두 부분과 거칠게 찢긴 두 부분으로 이루어져 있을 거예요. 동물 이름을 써야 하는 관객들에게 이 조각들을 나눠 주세요.

그리고 종이 가운데 쪽에 있던 4개의 조각(매끄러운 한 부분과 거칠게 찢긴 세 부분이 있어요.)은 새 이름을 쓸 관객들에게 주면 되지요. 그리고 시계추 역할을 하는 동전을 흔들며 예언가가 되어 보세요. 두 부분의 매끄러운 가장자리가 있는 종이 위에서 동전을 흔들 때는, 동물 이름이 적혀 있을 거라는 것을 기억하세요. 또한 한 부분의 매끄러운 가장자리가 있는 종이 조각들에는 새 이름이 적혀져 있다는 것도요!

끝없이 자라는 밧줄

★ 필요한 것: 최소한 35인치 혹은 90센티미터가 되는 길이의 밧줄 1개,
탁자, 요술봉 1개, 안쪽에 주머니가 달린 재킷

이 교묘하고 기발한 속임수로 관객들의 눈을 감쪽같이 속이더라도, 그들은 괜찮다고
할 거예요.

1 관객들에게 아주 짧은 밧줄 하나를
들어서 보여주세요. 하지만 사실
여러분은 아주 긴 밧줄의 양쪽 끝 부분만을
잡아서 보여주고 있는 것이랍니다. 이에
대해서는 나중에 더 설명할 거예요. 여러분의
능력으로 이 밧줄을 자라게 할 수 있다고
관객들에게 말해 줍니다.

2 요술봉으로 여러분의 손등을
살살 치면서, 멋진 마법의 주문을
외워 보세요. 그리고 밧줄의 한쪽을
잡아당겨 주세요. 그러면 밧줄이 자라고
또 자랄 거예요. 끊임없이 계속
자라난답니다!

3 이제는 밧줄을 계속 잡아당겨 보세요. 아니면 관객 중 1명을 뽑아서 밧줄을 잡아당겨 달라고 하는 것이 더 좋을 거예요. 밧줄이 테이블에 둥그렇게 휘감기면서 쌓이는 장면을 보면 관객들은 박수를 치겠지요. 그러면 여러분은 그저 멋지게 인사만 하면 되는 겁니다.

4 어떻게 이 속임수를 했냐고요? 아주 간단하죠. 정말 단순해요. 공연을 시작하기 전에 밧줄을 반으로 접어서, 가운데 접힌 부분이 자켓의 안주머니에 들어가도록 집어넣어요. 그리고 밧줄의 양끝을 재킷 소매 안으로 쭉 집어넣어 손목 쪽으로 뺀 다음, 여러분이 한 손으로 잡고 있기만 하면 된답니다.

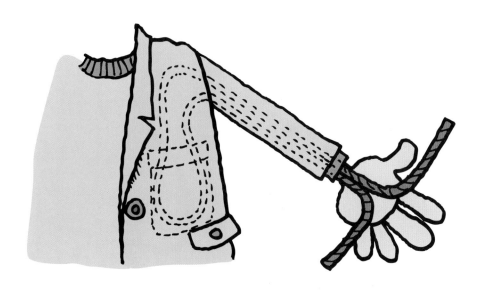

반으로, 다시 하나로!

★ 필요한 것: 4피트 혹은 1.20미터 길이의 밧줄 1개, 가위 1개

이것은 마술사라면 완벽하게 해야 하는 아주 고전적인 마술이에요. 여러분은 밧줄을
들고 관객들에게 보여주면서, 가위로 반을 싹둑 잘랐다가 다시 하나의 밧줄로
복구시킬 거예요.

1 거듭 이야기하지만, 관객을 여러분 바로 앞쪽에 앉아 있게
해야 합니다. 그리고 밧줄의 한가운데를 여러분의
검지손가락에 걸어 놓으세요.

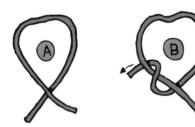

2 밧줄의 한쪽 끝을
가운데 위로 올려서
사각형 모양의 옭매듭으로
묶어 줍니다.

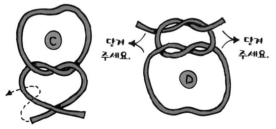

당겨
주세요.

당겨
주세요.

3 여러분이 마술 가위를 가지고 있다고
관객들에게 말해 주세요. 그리고 과장된
몸짓을 곁들여서 가위로 밧줄을 잘라 보세요.
이때, 반드시 그림에서 보여주는 부분을 잘라야 해요.

4 일단 밧줄을 자르고 나면, 자연스러운 동작으로 가위를 관객들이
볼 수 없는 곳에 치워두세요. 이제 밧줄의 양끝을
잡고 세게 잡아당기는 것을 보여주세요.
그래야 관객들이 밧줄 한가운데
매듭이 있는 것을 잘 볼 수 있게
되니까요.

5 이제 한쪽 손에 밧줄을 감아 주세요.
여러분이 오른손잡이라면 왼손에
밧줄을 감아주고, 왼손잡이라면 오른손에
밧줄을 감아 주세요. 밧줄을 손에 다 감을
때쯤이면 옭매듭이 밧줄을 따라
미끄러지면서 따로 떨어져나오게 될
거예요. 그러면 재빨리 잡아서 반드시 다른
손 안에 살그머니 감춰야 합니다. 그리고
관객들 시야에 보이지 않게끔 두었던 마술
가위를 찾아 집어 들면서 매듭을 재빨리
보이지 않게 바닥에 떨어뜨리세요.

잘린 작은 매듭이
로프에서 떨어지면
손 안쪽에 슬쩍 넣어
잡고 있어요.

6 밧줄에 감겨져 있는 손 위로 가위를 들고 흔들면서 여러분이 좋아하는 마법의
주문을 외우세요. 이번엔 가위를 다시 내려놓아야 하는데 모든 관객들이 잘 볼
수 있는 곳에 놓으세요. 마지막으로, 손에서 밧줄을 푼 다음 이리저리 흔들어
보여주세요. 당연히 밧줄은 원래대로 하나로 돌아와 있죠!

수리수리 마수리 수리수리 마수리!

쌍둥이 고리의 비밀

★ 필요한 것: 고리 2개, 밧줄 1개

잘 할 수 없다는 걱정은 버리세요! 이 속임수는 아주 쉽고 빠르게 할 수 있어요.
마술의 특별한 기법을 사용해서 관객들을 계속 황홀에 빠지게 할 수 있답니다.

1 먼저 2개의 고리에 밧줄을 끼웁니다. 그리고 관객들에게 고리를 밧줄에서
꺼내는 두 가지 방법이 있다고 이야기하세요. 물론 그중 한 가지는 고리를
밧줄의 한쪽 끝으로 밀어서 빼내는 방법이지요. 그리고 다른 하나는 마술을 이용하는
것인데, 어떤 방법인지 여러분이 관객들에게 잘 보여주세요!

2 왼쪽 손의 엄지와 검지손가락으로 그림에서
A라고 표시되어있는 부분의 밧줄과 고리
하나를 아주 단단히 잡으세요. 오른쪽
엄지손가락으로 그림에서 B 라고 표시되어 있는
곳에서 다른 고리를 잡으세요.

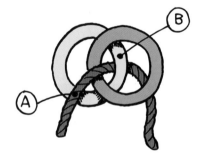

3 재빨리 오른손을 다시 여러분의 몸 방향 아래쪽으로 당겨서 밧줄 끝으로 빼
주세요. 이 동작이 자연스럽게 오른손으로 잡고 있던 고리가 빠져나오도록 해
줄 거예요. 동시에 왼쪽 손으로 잡고 있었던 고리도 기적 같이 밧줄에서
빠져나온답니다!

4 자, 이제 관객들이 박수를 칠 때까지 기다리세요. 이 마술은 똑같은 관객 앞에서
여러 번 할 수도 있답니다. 관객들이 아무리 속임수를 파악하려 해도, 신기한
마술 외에는 다른 아무것도 볼 수가 없지요.

재미있는 마술 놀이

여러분이 마술을 할 때 아주 신나고 재미있게 하는 것이 우리가 바라는 점입니다.
고리, 밧줄 그리고 동전을 주로 사용해서 속임수를 펼칠 때와 달리,
이번에는 특정 주제가 없답니다. 사실 공통점이 하나 있기는 하지요.
네, 여러분이 짐작하는 것이 맞아요. 정말 재미있을 거라는 것이죠!

와! 무엇을 할 수 있다고요?

★ 필요한 것: 최소한 27쪽 이상의 잡지 혹은 책 10권, 계산기 1개, 탁상

맞아요, 여러분은 사람 마음을 읽을 수 있어요. 이 간단한 마술로 증명해 보일 수 있지요.

1 이 마술을 하기 위해서는 약간의 준비를 해야 해요. 모든 잡지를 일렬로 탁자 위에 놓고, 네 번째 잡지의 27쪽을 공부해 놓으세요. 그 페이지에서 눈에 띄는 핵심 단어나 그림을 검토하는 거죠.

네 번째 잡지를 선택하세요.

2 지원자에게 계산기를 주고, 다음 과정을 시켜 보세요. 먼저, 1과 100 사이에서 숫자 하나를 선택하여 계산기에 입력해 놓으세요. (예를 들면, 46)

- 더하기 28   = 74
- 곱하기 6   = 444
- 빼기 3   = 441
- 나누기 3   = 147
- 맨 처음 선택한 숫자에서
  3을 더한 숫자를 빼기 (46+3=49)   = 98
- 더하기 8   = 106
- 맨 처음 선택한 숫자에서
  1을 뺀 숫자를 빼기 (46-1=45)   = 61
- 곱하기 7   = 427

정답은 언제나 427일 거예요!

3 관객으로부터 등을 돌리고 서 있는 상태에서, 지원자에게 가지고 있는 계산기의 답에서 첫 번째 숫자를 확인해 달라고 하세요. 이때, 지원자는 숫자를 말하지 않고, 그 숫자에 해당하는 잡지를 찾아야 합니다.

4 마지막으로, 지원자는 뒷자리 숫자 2개(27)에 해당하는 페이지를 펼친 다음, 그 페이지를 관객들에게 보여주도록 합니다.

> 와, 제가 좋아하는 페이지네요!

5 모두에게 신경을 집중해서 잡지를 보라고 하세요. 그리고 뭐가 보이는지 물어보고 여러분이 그들의 마음을 읽을 수 있다고 얘기합니다. 물론 여러분은 벌써 이 페이지를 봤기 때문에 어떤 문제도 없겠죠. 그 페이지에 무엇이 있는지 관객들에게 말해주면, 매우 놀라고 감탄스러워할 거예요.

계산기보다 빠르게

★ 필요한 것: 펜이나 연필 1개, 종이 1장, 계산기 1개

  세 자리 숫자 5개를 계산기 없이 몇 초 만에 한꺼번에 더해서 친구들과 부모님을 놀라게 해 드려요.

1 이 마술은 준비할 게 아무것도 없어요. 여러분의 빠른 암산력만 있으면 된답니다.

2 지원자에게 세 자리 숫자 하나를 종이에 적어 달라고 합니다. 3개의 숫자는 모두 달라야 하며 1, 2, 3처럼 연속되는 숫자는 쓸 수 없어요.

3 그리고 다른 하나의 세 자리 수를 첫 번째 숫자 아래에 써 달라고 해요. 2개의 세 자리 숫자는 절대 같으면 안 돼요.

4 이번에는 또 다른 세 자리 수를 처음에 쓴 2개의 숫자 밑에 적어 달라고 부탁을 해요. 이번 숫자는 여러분이 주의를 기울여 봐야 해요. 이 숫자가 핵심 숫자니까요.

5 이제 지원자로부터 펜과 종이를 돌려받아서 세 번째 숫자 아래에 여러분이 왼쪽에서부터 오른쪽으로 네 번째 번호를 적도록 해요. 이때, 첫 번째 숫자와 네 번째 숫자의 합계가 반드시 999가 되어야 해요.

6 또 하나의 번호를 숫자 맨 아래에 적어 놓아요. 이번엔 두 번째 숫자와 다섯 번째 숫자의 합계가 반드시 999가 되도록 해야 해요.

7 숫자들이 적힌 종이를 지원자에게 돌려주고 계산기로 다섯 숫자의 합계를 계산해 보라고 하세요. 물론 이때 여러분은 답을 보면 안 된답니다.

8 이제 숫자가 적혀 있는 종이를 돌려받으세요. 물론 여기에 합계는 없지만, 머릿속으로 암산하는 척한 다음 종이에 답을 적어 보세요. 이 답은 지원자가 계산기를 사용해서 얻은 합계와 일치할 거예요.

9 어떻게 한 것일까요? 잘 기억해 보세요. 세 번째 숫자가 핵심 숫자라고 했죠? 아주 간단한 공식일 뿐이에요.

$$2000 + (핵심숫자 - 2) = 정답$$

예시:

지원자의 첫 번째 숫자	613	
지원자의 두 번째 숫자	184	
지원자의 세 번째 숫자인 동시에 핵심 숫자	205	
여러분의 숫자(첫 번째와 더하면 999가 됨)	386	2000
여러분의 숫자(두 번째와 더하면 999가 됨)	+ 815	+ (205-2)
	= 2203	= 2203

10 만약 지원자가 숫자의 첫 번째 자리에 9를 택해도, 여러분은 두 자리 수를 사용해서 합계만 999로 만들면 돼요. 단, 두 자리 수를 쓸 때 맨 앞자리에 0은 쓰지 않도록 하세요.

마술 놀이 88
한 번에 찢어야 해요!

★ 필요한 것: 종이 2장

이번 속임수는 공연의 시작에 보여주거나, 긴 마술을 보여준 후 잠깐 쉬어 가는 시간에 간단하게 선보일 수 있답니다.

1 관객들이 도착하기 전, 2장의 종이 모두 두 군데를 조금만 찢어 놓으세요. 그러면 나중에 세 조각으로 만들수 있지요. 종이를 끝까지 완전히 찢으면 안 돼요.

2 관객들이 자리에 앉고 나면, 마술을 도와줄 1명을 찾습니다. 지원자에게 종이 1장을 건네 주세요. 그리고 한 번에 찢어서 종이 양끝의 두 조각과 가운데 조각으로 나누어 보라고 하세요. 아마 지원자는 실패할 거예요. 하지만 여러분은 할 수 있죠.

3 다른 종이 조각을 집어들고, 그 사람에게 어떻게 하는지 보여주세요. 두 손으로 종이 양끝을 각각 잡은 다음, 고개를 숙여 입술로 가운데 부분을 잡으세요. 이제 양끝 부분의 종이를 쫙 잡아당기세요. 그러면 종이는 세 조각이 될 거예요!

확 잡아 찢으세요!

찌익   찌익

점프하는 고무 밴드

★ 필요한 것: 색깔이 다양한 고무 밴드 몇 개

이번 마술에서는 간단하지만 교묘한 손재주를 사용해야 해요. 이를 위해 여러분은 오로지 비밀스러운 동작 하나를 배우고 연습하면 되는데, 관객 입장에서는 여러분이 아주 훌륭한 마술사라고 느껴질 거예요.

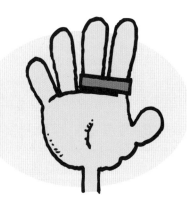

1 손바닥 한쪽이 여러분을 향하게 두세요. 그리고 가운뎃손가락과 검지손가락 2개를 모아서 고무 밴드 하나를 끼우세요.

2 다른 한손으로는 고무 밴드를 잡아당겨서 밴드가 튼튼하다는 것을 관객들에게 보여주세요. 그리고 네 손가락을 모두 모아서 손끝을 고무 밴드 아래로 집어넣으세요. 아주 재빠르고 비밀스럽게, 관객들이 눈치채지 않도록 해야 해요.

이렇게 하기 위해서는 최소한의 움직임으로 네 손가락 끝을 고무 밴드 아래로 넣을 수 있게 연습을 많이 해야 한답니다. 여러분 쪽에서 손을 바라볼 때에는 고무 밴드가 네 손가락에 쭉 끼워져 있어야 해요. 그렇지만 관객들의 눈에는 오로지 두 손가락에만 끼워져 있는 고무 밴드가 보일 거예요.

3 자, 이제 손을 펴세요. 고무 밴드는 마법처럼 자동으로 다른 두 손가락으로 점프를 할 거예요.

4 물론 이번에는 처음의 두 손가락으로 다시 점프하게 만들고 싶겠죠. 그렇다면 여러분이 손을 접는 순간에 다시 네 손가락을 모두 고무 밴드 아래로 밀어 넣으세요. 그리고 손을 펼쳐 보이세요. 아시겠죠? 고무 밴드는 다시 원래 있던 두 손가락으로 점프할 거예요. 여러분이 손가락을 재빨리 끼워 넣는 방법만 잘 익힌다면, 매번 성공적으로 해낼 수 있답니다.

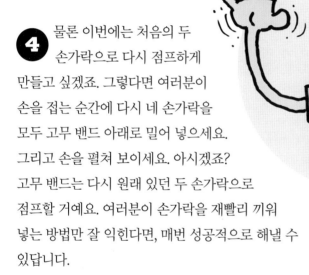

5 관객의 거리가 여러분과 가깝다면, 다른 색깔의 고무 밴드 2개를 사용하여 이 마술을 다양하게 할 수 있답니다. 밴드 하나는 검지손가락과 가운뎃손가락 아래쪽에 끼우고, 다른 색깔의 밴드는 나머지 두 손가락의 아래쪽에 끼웁니다. 그 다음에는 모든 손가락을 두 고무 밴드에 끼우고요. 여러분이 손을 펼칠 때면 다른 색의 두 가지 고무 밴드가 마법처럼 이쪽저쪽으로 왔다갔다 할 거예요.

지저분한 속임수

★ 필요한 것: 달걀 3개, 두루마리 휴지 속 딱딱한 종이 원통 3개, 파이 접시 1개, 물이 반쯤 담겨 있는 유리잔 3개, 빗자루 1개

이번 마술에서는 3개의 달걀을 물이 들어 있는 유리잔으로 떨어지게 만들 거예요. 사실 이 속임수를 배우는 동안에는 주변이 매우 지저분해질 수도 있답니다. 그러니 연습이 다 끝난 후에 깨끗이 청소하는 것을 잊으면 안 돼요.

1 마술을 어디서 할 것인지 적당한 장소를 고르세요. 아마도 야외에 있는 피크닉 탁자가 가장 좋은 곳일 거예요.

2 관객들을 주위에 빙 둘러서게 하세요. 탁자에 너무 가깝게는 말고요.

3 테이블 한쪽에 마술을 할 수 있게 모든 준비를 해 놓아요. 화장지가 감겨져 있던 딱딱한 종이 원통 위에 달걀을 올려놓으세요. 달걀은 여기에 딱 맞는 크기로 준비해야 해요. 만약 달걀이 너무 크거나, 너무 작아서 원통 위에 제대로 올라가지 않는다면 이 마술을 제대로 할 수가 없어요.
화장지 원통 3개는 파이 접시에 놓아두고, 파이 접시는 물이 반쯤 들어 있는 3개의 유리잔 위에 올려놔야 해요. 잘 이해가 되지 않을 경우, 그림을 참고하면 될 거예요. 한 가지 주의해야 할 점은 파이 접시는 테이블 가장자리 위에서 달랑달랑 놓여 있게 해야 합니다.

4 테이블을 바라보고 서서 빗자루를 앞쪽에 놓으세요. 빗자루의 솔이 붙어 있는 쪽을 반드시 파이 접시 바로 밑에 두어야 해요. 이제 빗자루 막대를 여러분 쪽으로 슬쩍 잡아당기면서 빗자루의 솔을 밟아줍니다.

5 여러분이 빗자루 막대기를 놓는 순간, 빗자루는 정통으로 파이 접시를 치겠지요. 그러면 그 파이 접시 위에 있던 모든 것들은 날아갈 거예요.

6 하지만 3개의 달걀은 물이 반쯤 차 있는 유리잔 안으로 각각 하나씩 쑥 떨어질 거예요. 참 영리한 마술사입니다!

졸지 마세요!

★ 필요한 것: 어두운색 풍선 3~4개, 밝은색 풍선 3~4개, 줄, 테이프, 핀, 요술봉

풍선의 색깔을 어떻게 바꾸는지 보여줌으로써, 관객들이 졸지 않고 말똥말똥 깨어 있게 할 거예요.

1 이번 마술은 준비를 잘해야 해요. 자, 먼저 밝은색 풍선을 어두운색 풍선 속에 넣어 두세요. 그리고 안쪽에 들어있는 밝은 색깔의 풍선만을 불어놓으세요. 그리고 방금 불어 놓았던 안쪽의 밝은색 풍선 꼭지만 줄로 묶어서 준비해 둡니다.

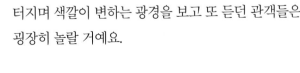

2 이제는 바깥쪽에 있는 어두운색 풍선을 불어서, 안쪽에 있는 풍선과의 사이에 공기를 불어넣어줍니다. 그리고 조금 전, 안쪽 풍선을 묶어 놓았던 줄로 바깥쪽에 있는 풍선 꼭지를 같이 묶어 주세요.

3 뾰족한 핀을 요술봉에 테이프로 잘 붙여 놓으세요. 그러면 풍선이 터지며 색깔이 변하는 광경을 보고 또 듣던 관객들은 굉장히 놀랄 거예요.

혹시나 만약에라도 여러분이 실수로 바깥쪽과 안쪽 2개의 풍선을 한꺼번에 터뜨려 버리면, 관객들이 졸고 있는 것 같아서 그랬다고 얘기해 주면 되지요. 계속 이렇게 졸면, 다음에 벌어질 아주 멋진 마술을 못 보게 될 거라고 말이에요.

❹ 풍선을 무대 주위에 매달아 두세요. 그래야 공연을 하는 중에 손쉽게 닿을 수 있을 거예요. 여러분에게 한 가지 팁을 주자면, 풍선에 대해 말하고 묘사해서 관객의 시선을 끌어야 합니다. 예를 들면, "난 지금 기가 막히게 멋진 노란색 풍선들로 둘러싸여 있네요. 하지만 난 주황색을 더 좋아해요"라고요.

❺ 여러분이 공연을 하는 중간중간에 관객의 반응이 시큰둥하다면, 요술봉으로 바깥쪽 풍선을 하나씩 슬쩍 터뜨려 빵 소리를 내세요. 지루해하고 있던 관객들이 벌떡 정신을 차릴 뿐만 아니라, 여러분이 마술로 풍선 색깔을 바꾸었다는 것을 알게 될 거예요. 불시에 자꾸 풍선을 터뜨린다면, 아무도 졸지 못할 겁니다!

저 뒤쪽에 계신 분, 지금 자면 안 돼요. 그렇지 않으면 지금 풍선 색깔을 한 번 더 바뀌게 할 지도 몰라요.

어이쿠, 저기 누가 자고 있네요.

과일일까? 채소일까?

★ 필요한 것: 종이 1장, 연필 3자루, 모자 1개

때로는 가장 간단한 속임수가 최고의 효과를 낼 수 있습니다. 이 속임수가 바로 그렇죠. 아주 최고의 마술 중 하나랍니다.

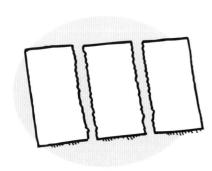

1 관객이 들어오기 전에, 종이 1장을 세 조각으로 똑같이 나눠 놓고 마술을 할 수 있게 준비를 마쳐 두세요. 이 마술의 핵심은 찢는 데 있습니다. 속임수를 완벽하게 끝마치려면 종이 조각의 울퉁불퉁한 가장자리를 감각으로 느낄수 있어야 해요. 그렇기 때문에 가위를 사용해서 자르면 안 되지요.

2 일단 관객이 입장하면, 3명의 지원자를 앞으로 부른 다음, 마술을 도와달라고 요청합니다. 그중 2명에게는 한쪽이 울퉁불퉁한 종이 조각을 주고(그러니까 종이를 3등분으로 찢었을때 양끝 부분을 말하는 거지요.) 과일 중에 마음대로 하나를 고른 다음, 종이에 쓰라고 합니다. 물론 여러분에게는 어떤 과일의 이름을 썼는지 보여주면 안 되지요.

흐음… 채소….

찢어진
두 가장자리

3 동시에 나머지 1명에게는 양쪽이 모두 울퉁불퉁한 종이 조각을 줍니다. 그리고 그 종이에 채소 이름 중 하나를 적어 달라고 이야기하세요.

종이를 나눠줄 때, 어떤 이에게 어떤 종이 조각을 줄 것인지 무심하게 나눠 주는
척해야 하지만 실제로는 각각의 지원자에게 정확하게 맞는 종이 조각을 줘야 해요.

섞고
섞고
또 섞고

4 만약에 관객이 많다면 네 번째 지원자를
뽑아 앞으로 부르세요. 그리고 세 조각의
종이를 모두 모자에 넣고 잘 섞어 달라고
부탁하세요.

5 관객들에게 여러분은 채소의
이름이 적혀 있는 종이만 뽑을
수 있다고 말하세요. 그리고 모자
속에 손을 넣습니다. 이때, 여러분이
모자 속에 있는 종이를 볼 수 없다는
사실에 중점을 맞춰 유난을 떨어야
한답니다. 재빨리 양쪽 가장자리가
울퉁불퉁한 종이가 어떤 것인지 감을
잡은 다음, 짠 하고 보여주세요! 채소
이름이 적혀 있군요.

사과

당근

바나나

연필이 벌떡

★ 필요한 것: 연필 1개, 지우개 1개, 압정 1개

여러분이 만지는 모든 것이 마술의 영향을 받을 겁니다. 여러분은 연필이 스스로 설 수 있도록 만들어서 증명할 수 있지요. 마술의 마지막 부분에서 압정을 잘 숨기고, 관객이 너무 가까이 오게 하지만 않는다면, 적어도 그들의 눈에는 그렇게 보일 거예요.

1 마술 쇼가 시작되기 전, 연필 끝에 달려있는 지우개에 압정을 꽂아 두세요.

2 지우개가 있는 쪽으로 연필을 잡고 관객들 앞에 서 있으세요. 이때, 손가락으로 압정이 있는 부분을 교묘하게 감춰야 해요. 그리고 다음과 같이 외치세요. "보세요, 그냥 평범한 한 자루의 연필입니다. 하지만 제 손 안에서 이 연필이 마법에 걸려 저절로 서게 되는 것을 볼 수 있을 거예요!"

3 나머지 손을 위쪽으로 올리면서, 동시에 연필을 들고 있는 손의 옆쪽이 관객을 향할 수 있도록 여러분의 몸을 살짝 돌립니다. 이렇게 하면 관객들은 여러분이 다음에 무엇을 하는지 볼 수 없게 되죠.

관객들이 볼 수 없게 연필에 꽂혀있는 압정을 손가락으로 감추면서 살짝 돌아서면서,
연필의 지우개가 있는 쪽을 아래로 향하게 해서 다른 쪽 손의 가운뎃손가락과
약손가락 사이 손바닥에 올려놓으세요. 이때, 압정을 손가락 사이로 자연스럽게
넣어서 두 손가락으로 꼭 잡고 있으세요.

4 자, 이제 마술이 벌어질 거예요! 마법의 주문을 외우면서, 원래 연필을 잡고
있었던 손을 천천히 떼세요. 연필이 있는 쪽 손은 움직이지 않도록 가만히
두어야 해요. 그러면 연필이 마법의 힘으로 혼자 서 있는 것처럼 보이게 된답니다.

수리수리 마수리!
비비디 바비디 부!

5 관객이 잠시 짜릿함을 맛볼 수 있도록 기다려 주세요. 그리고 과장된 몸짓을
하며 다른 쪽 손으로 연필을 똑바르게, 그대로 세운 채로 뽑은 다음 인사를
합니다. 압정은 계속 손가락 사이에 끼워 두어야 해요.

6 관객 중 몇 명에게 연필을 보여주세요. 관객들이 연필을 확인하고 나면, 그냥
보통 연필이라고 믿게 될 거예요.

감자에 구멍을 뚫어라

★ 필요한 것: 감자(껍질 채) 1개, 빨대 몇 개

대부분의 사람들은 얇고 잘 찢어지는 빨대가 딱딱한 생감자에 구멍을 뚫을 수 있다는 것을 믿지 못할 거예요. 하지만 여러분은 가능하다는 걸 알고 있습니다. 그렇죠?

1 지원자에게 감자 1개와 빨대 1개를 주고 바로 이 마술을 시작해 봅시다. 지원자에게 빨대를 감자에 넣어 보라고 요구하세요. 그 사람은 분명히 실패할 거예요. 그럼 빨대를 더 주세요. 하지만 아무리 많이 준다고 해도 빨대는 다 구겨져 버릴 거예요. 감자에는 기별조차 가지 않지요.

2 반면, 여러분은 이 마술을 어떻게 성공하는지 알고 있죠. 지원자에게 줬던 감자를 다시 돌려받고 나서, 여러분한테 마법의 힘이 있다고 관객들 앞에서 이야기하세요. 여러분의 빨대는 슈퍼맨에 나오는 가상 화학 원소인 '크립토나이트'보다도 강해서, 감자에 구멍을 낼 수 있다고 말하면 됩니다.

3 비밀리에 빨대 위쪽을 접어서 여러분의 주먹 속에 감춘 뒤 꽉 잡으세요. 잘 모르겠으면 그림을 참고하세요. 빨대의 나머지 부분은 쭈욱 내밀어 보이고요.

4 감자를 다른 쪽 손바닥에 놓고 꽉 잡으세요.

5 주문을 외우면서 마법의 힘을 모아, 빨대를 재빨리 아래쪽으로 내려 감자에
힘차게 꽂아주세요. 빨대의 윗부분이 막혀 있기 때문에 그 안에 있는 공기가
압축되어서 빨대를 단단하게 만들어 주는 거랍니다. 빨대가 감자 껍질에 구멍을 내며
박힐 때까지 뚫는 연습은 당연히 해야겠죠!

크크크, 코르크!

★ 필요한 것: 똑같은 크기의 코르크 마개 2개

여러분이 이 마술을 할 수 있다는 것은 최고의 마술사의 반열에 들었다는 거죠.
하지만 그렇게 되기 위해서는 아주 많은 시간 동안 연습을 해야 합니다. 관객들이
2개의 코르크가 양손에서 왔다갔다 한다고 확신하게끔 동작을 완벽하게 해야 해요.

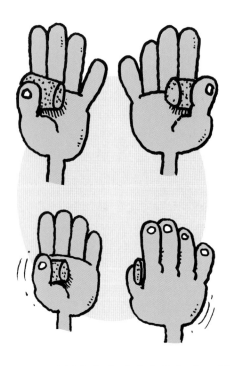

1 코르크를 양손에 하나씩 잡으세요.
엄지와 검지손가락 사이 푹 파인
부분에 코르크를 끼워 놓고, 양쪽 손바닥은
여러분 쪽을 향하게 하세요.

2 그렇게 코르크를 각각 손가락 사이에
끼운 채로 오른손을 돌려서 손바닥이
아래쪽을 향하게 하고, 왼손은 쭉 펴서
손바닥이 위쪽을 향하게 하세요.

3 오른손을 움직여서 왼손 바로 위에 오게 놓으세요. 오른손은 손바닥이 아래쪽을
향하고 있을텐데, 그 손의 엄지와 검지손가락으로 왼손에 있는 코르크를 잡을
수 있을 거예요. 검지손가락은 코르크의 위쪽에 놓고 엄지손가락은 코르크의 아래쪽을
잡으세요. 이와 동시에, 손바닥이 위를 보는 왼손의 엄지손가락과 검지손가락으로
오른손 안에 있는 코르크를 잡으세요.

이렇게 하기 위해서는 엄지손가락을 오른손의 손가락들
아래쪽으로 넣어서 코르크의 아랫부분을 잡아야 하며
검지손가락은 오른손의 엄지손가락 아래로 넣어
코르크의 윗부분을 잡아야 해요. 이 마술은 설명으로
들으면 복잡하지만, 막상 직접 해 볼때는 어렵지 않을
거예요.

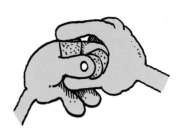

4 자, 이제 서로의 반대쪽 손에 있는 코르크를 쥐고 두 손을 따로 떨어뜨려 주세요.
두 손을 반대쪽으로 움직이면서 다시 한번 돌려주세요. 조금 전 손바닥이
아래를 보고 있던 손은 이제 손바닥이
위를 향하도록 해 주세요. 그리고
손바닥이 위를 향하고 있던 손은
아래로 향하게 해 주고요.

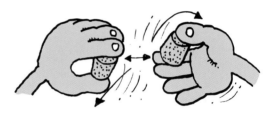

5 속임수의 비밀은 손을 움직이고 회전하는 데 있어요. 이 마술을 매끄럽게 잘
한다면, 2개의 코르크가 서로 왔다갔다 하는 마술을 만들어 낼 수 있습니다.
거울을 놓고 연습하면서 잘 보세요. 그러다 보면 어느 순간, 관객에게 이 마술을
선보일 때가 됐다는 걸 알게 될 거예요.

환상을 보여주는 동전

★ 필요한 것: 동전 1주머니

이 마술을 하기 위해서는 동전이 잔뜩 필요하긴 하지만, 실제로 여러분은 동전을 하나도 쓰지 않을 거예요.

1 주머니에서 한 줌의 동전을 꺼내는 것처럼 쇼를 하세요. 동전이 진짜 있다는 것을 관객들이 보게끔 해야 해요. 그 다음에는 동전 하나를 골라서 집어드는 척하세요. 그리고 동전은 관객들 몰래 주머니에 도로 집어넣어야 해요. (이 동작은 꼭 연습을 해 두세요.)

여기에 동전이 있는 척하세요.

동전이 손바닥에 부딪히는 것처럼 찰싹 소리가 나게 여기를 살짝 쳐 줘요.

찰싹!

2 왼손에서 오른손으로, 또 오른손에서 왼손으로 번갈아가면서 진짜로 동전을 던지고 받는 것처럼 연기해야 합니다.

그리고 던지는 척한 동전을 한 손으로 받는 척하면서, 손으로 받을 때 나오는 찰싹거리는 동전 소리를 만드세요. 이 동작은 진짜 동전을 사용하여 연습할 때, 실제 생기는 소리를 잘 들었다가 그대로 만들어 내야 해요.

동전을 받는 척하는 순간, 손가락들로 손바닥 안쪽을 살짝 쳐 주세요. 그러면 진짜 동전을 받는 것처럼 소리가 날 거예요.

3 이 동작을 몇 번 반복해야 해요. 그리고 동작을 멈추면서,
한 손에 동전을 쥐고 있는 것처럼 행동해야 해요. 다음엔
관객을 향해 동전이 어느 쪽 면으로 떨어졌는지 퀴즈도 내보세요.
앞면으로 떨어졌을까요? 뒷면으로 떨어졌을까요? 물론 여러분이 손을
펼치는 순간, 그곳에는 동전이 없지요. 하지만 괜찮아요! 왜냐하면 관객들은
여러분의 다른 손바닥 안에 동전이 있다고 생각할 테니까요.

4 자, 이제 다른 쪽 손을 아주 천천히 펼쳐서
그곳에도 동전이 없다는 것을 보여주세요.
그리고 관객들이 박수를 치는 동안 인사를 하면 됩니다.

이제 이 속임수의
비밀을 눈치챌 수 있을 만큼
여러분은 마술이 어떤 것인지
충분히 알았을 거예요.
하나, 둘, 셋...

뻥!

몇 조각일까요?

> ★ 필요한 것: 가로 20인치(50센티미터),
> 세로 4인치(10센티미터) 크기의 가늘고 긴 종이 2장, 검은색 마커와 풀

이것은 아주 고전적인 마술로, 망가뜨렸다가 다시 되살려 내는 기술이죠.

1 관객들이 도착하기 전에, 2장의 종이 각각에 '한 조각' 이라는 글자를 써 놓으세요. 이 2장에 쓰인 글씨는 거의 똑같아야 합니다.

2 종이 1장은 반으로 접어 놓습니다. 그 다음에 다시 한번 더 반으로 접고요. 그리고 또 반으로 접습니다. 종이의 크기가 가로로 2인치 혹은 5센티미터, 세로로 3인치 혹은 7.5센티미터가 될 때까지 접으면 됩니다.

3 이렇게 접은 종이 조각은 풀칠을 해서 나머지 종이 조각의 뒤쪽에 붙여 주세요. 되도록, 접지 않은 종이에서 '한' 이라고 쓰여 있는 부분의 뒤쪽에 붙여 주어야 해요.

4 자, 이제 관객을 맞을 준비가 다 끝났어요. 종이 조각의 양끝을 잡고 들어서 관객들이 '한 조각' 이라고 쓰여 있는 글자를 잘 볼 수 있도록 합니다. 여러분은 종이 한 조각만 가지고 있다고 관객들에게 말해 주세요.

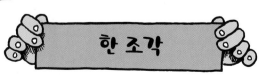

5 이제 종이 조각을 반으로 찢으세요. 뒤쪽 조각이 들키지 않도록 조심해야 합니다. 반으로 찢은 종이 한쪽을 '한'이라고 쓰여 있는 종이의 앞쪽에 놓으세요. 그리고 두 조각 난 종이 양끝의 매끈한 가장자리를 잡으세요.

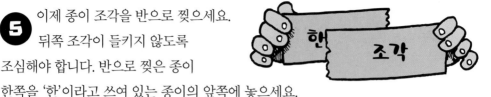

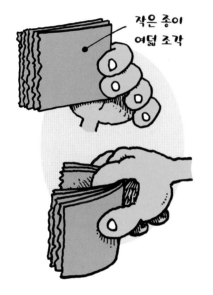

작은 종이
여덟 조각

6 관객들에게 더 조그맣게 찢어야 한다고 말한 다음, 이미 반으로 찢어서 포개 놓은 두 조각의 종이를 다시 반으로 찢습니다. 이번엔 '조각'이라고 쓰여 있는 쪽의 종이들을 다른 쪽 종이 조각 앞에다 놓습니다. 그리고 마지막으로 다시 한번 반으로 찢으세요. 이제 여러분은 모두 여덟 조각의 종이를 갖고 있을 겁니다.

7 찢어진 종이 조각의 가장자리가 여러분의 몸 반대편으로 향하도록 접으세요. 그러면 여러분이 비밀리에 붙여 놓은 종이도 여러분으로부터 떨어진 방향에 있을 거예요. 이 작은 종이 뭉치는 반드시 오른손 엄지와 다른 손가락 사이에 넣어 쥐고 있어야 합니다. 관객 쪽에서는 찢어 놓은 작은 종이 조각들만 볼 수 있지만, 여러분은 온전하게 붙어 있는 종이 한 조각을 볼 수 있지요.

8 혼란스러운 듯이 연기를 펼쳐 보세요. "지금 이렇게 종이를 다 찢어 놨지만, 사실 저는 찢어지지 않은 종이 한 조각을 훨씬 더 좋아한답니다"라고 한 뒤, 종이 뭉치를 왼손으로 옮기면서 반대 방향으로 슬쩍 돌리세요. 그러면 온전하게 붙여 놓았던 종이가 관객 쪽으로 향하게 될 거예요.

9 종이 조각들을 손으로 단단히 잡고 있다면, 손을 흔들면서 몇몇 주문을 외우는 척하세요. 그리고 접혀 있던 종이 조각을 극적으로 펼쳐보여야 해요. 그래서 관객들이 '한 조각'이라는 단어를 알아볼 수 있게 합니다. 보아하니, 온전한 종이군요!

찢어진 종이 조각들은 여기 뒤쪽에 잡고 있어요.

10 찢어 놓은 조각들은 함께 꽉 쥐고 있어야 합니다. 그래야 조각들이 따로따로 떨어지지 않아요. 만약 이 종이 뭉치를 제대로 못 잡아서 떨어뜨린다면, 안 떨어뜨리게 될 때까지 연습을 계속 해야 해요.

마술 놀이 98
크레용 감별사

★ 필요한 것: 다른 색상의 크레용 3개, 탁자

눈으로 보지 않고도 크레용 색깔이 무엇인지 매번 정확하게 알아맞힐 수 있습니다.

1 이 마술을 하려면, 각각의 크레용에 다른 방식으로 표시를 새겨 놓아야 합니다. 여러분이 크레용을 만질 때, 느낌만으로 크레용이 무슨 색인지 알 수 있어야 하지요. 물론 그 표시들은 다른 사람이 봤을 때는 식별할 수 없어야 합니다.

예를 들면, 크레용 하나는 겉을 싸고 있는 종이를 살짝 찢어 놓고, 다른 하나는 크레용 밑바닥에 손톱 혹은 가위로 자국을 내두는 거죠. 그리고 세 번째 크레용은 원하는 부분에 자국을 내면 됩니다. 오직 여러분만이 어떤 색깔의 크레용에 무슨 표시가 되어 있는지 알 수 있어야 하며, 자연스럽게 이 모든 것을 기억할 수 있어야 해요.

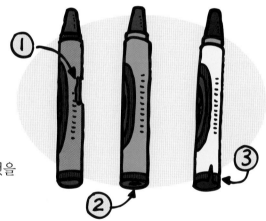

2 이 마술로 말할 것 같으면, 아주 극적으로 선보여야 한다는 것이 중요하지요. 여러분이 크레용에 있는 표시를 만져서, 그 느낌으로 알아낸다는 것을 관객들이 절대 눈치채지 못하게 해야 해요. 그래서 관객들의 주의를 다른 데로 돌리는 것이 중요하지요. 관객들한테 계속 말을 걸어서, 크레용이 무슨 색인지 느끼기 위해 지금 정신을 집중하고 있는 중이라고 설명을 해줘야 해요.

3 이 마술을 수행하기 위해서는, 도와줄 관객을 1명 찾아야 합니다. 그리고 관객들한테 등을 보인 채 뒷짐을 지고 서서, 지원자에게 크레용을 아무렇게나 섞은 뒤 여러분의 뒷짐 진 손에 놓아 달라고 부탁합니다.

4 이제 관객들을 향해 돌아섭니다. 그리고 지원자에게 크레용의 색깔을 하나 골라 달라는 부탁을 해 보세요. 그리고 크레용에 있는 표시를 촉감으로 느끼면서, 지원자가 고른 크레용을 찾는 척 연기를 시작합니다.

5 크레용을 찾으면, 열심히 흔들면서 보여줍니다. 그리고 관객들의 박수를 기다리세요. 이 속임수는 같은 쇼에서 한 번 혹은 두 번 정도만 선보여야 합니다.

안녕들 하셔요!

★ 필요한 것: 카드 1벌, 커다란 스카프(혹은 손수건) 1장

여러분은 아주 훌륭한 마술사예요. 그래서 여러분이 어떤 카드를 고르든, 고체의 물건을 통과할 수 있답니다. 예를 들면, 스카프 같은 것 말이죠!

1 여러분이 사전에 해야 하는 일이 있습니다. 그것은 뒤짚어 놓은 1벌의 카드에서 비밀리에 맨 위의 카드가 무엇인지 기억하고, 절대로 카드를 섞으면 안 된다는 것이죠.

기억하고 있는 카드는 이제 맨 밑바닥에 있어요.

2 카드 뭉치를 앞면이 위로 가게끔 모으세요. 만약 여러분이 오른손잡이면 왼쪽 손바닥에, 왼손잡이면 오른쪽 손바닥에 놓고 잡으세요. 미리 기억해 둔 카드는 카드 뭉치의 맨 밑에 있어야 하고요.

3 관객들에게 스카프를 보여주세요. 스카프를 관객들 사이에 돌려서 단순한 일반 스카프라는 것을 보게 하세요.

4 스카프가 여러분에게 다시 전달되면, 스카프를 카드 뭉치에 둘러 씌우세요. 그리고 스카프의 가운데 부분이 카드의 맨 위에 놓이도록 하세요.

5 여러분이 카드를 볼 수 없다는 사실을
관객들이 똑똑히 알 수 있도록 해야 합니다.

기억하고 있는 카드

6 이제 스카프 아래로 다른 쪽 손을 넣어서 카드
뭉치를 제거합니다. 그러나 맨 밑에 두고
기억하고 있던 카드는 여러분의 손바닥에
남겨두어야 합니다.

7 남아있는 다른 손으로 바로
여러분과 가까이 있는 쪽의 스카프
끝을 잡고, 그와 반대 방향으로 접어 슬슬
카드 뭉치를 싸기 시작합니다. 기억해 둔
카드와 스카프로 감싸진 카드 뭉치 아래쪽으로 이
손의 엄지손가락이 놓이도록 해 주세요. 나머지
손가락은 위쪽에서 카드 뭉치를 잡을 수 있어야
하고요. 그리고 이제 똑바로 수직 방향으로 돌려서,
숨겨 놓은 카드가 여러분 쪽을 향하게 합니다.
이 부분은 특히 조심스럽게 해야 합니다. 왜냐하면,
만약 숨겨 놓은 카드가 움직인다면 관객들의 눈에
카드가 보이기 때문이지요.

8 이제 카드를 잡고 있는 손은 그대로 놔두어야 합니다. 그리고 다른 손을 사용해서, 스카프의 한쪽을 여러분에게 향하도록 하면서 숨겨진 카드 위로 (대각선 방향) 접어야 합니다. 엄지손가락으로 나머지 카드를 제자리에서 꼭 잡고 있는 동안, 스카프를 접어서 숨겨진 카드를 중복으로 감싸주세요.

9 자, 관객들을 깜짝 놀라게 해 줄 시간입니다. 스카프를 접고 있는 주먹으로 그 밑에 늘어진 스카프의 나머지 부분을 잡고, 카드 뭉치를 옆으로 빙빙 돌려서 다시 스카프가 밑으로 늘어지게 합니다. (숨겨진 카드는 여전히 여러분 쪽을 향해야 합니다.) 만약 접힌 부분이 아주 팽팽하다면, 여러분이 엄지손가락을 떼더라도 숨겨진 카드는 그대로 거기에 끼여 있을 것입니다.

10 여러분이 마술을 부리면, 어떤 카드든 스카프를 통해서 나타나게 할 수 있다고 관객들에게 말해 주세요. 이제 여러분이 기억하는 카드, 즉 숨겨진 카드를 부르고 주문을 외우면서 카드 뭉치를 흔들어 보세요. 숨겨진 카드는 마치 스카프 가운데를 뚫고 나오듯 마법처럼 나타날 것입니다. 카드가 탁자에 떨어지면, 여러분이 감탄의 박수를 받는 동안 관객들로 하여금 감싸진 카드 뭉치를 확인하게 하세요.

흔들흔들

흔들흔들

흔들어 주세요!

카드 명탐정

★ 필요한 것: 카드 1벌

이것은 카드를 찾아내는 간단한 마술인데, 카드만 가지고도 할 수 있답니다. 그러나
교묘하게 짜인 이야기나 만담을 곁들임으로써 완전히 여러분의 것으로 만들 수
있지요.

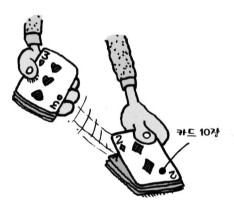

카드 10장

1 카드 뭉치에서 맨 위에 있는 카드
10장을 세어 놓으세요. 하지만
여러분이 세고 있다는 사실을 관객들은
모르게 해야 합니다. 이 속임수를 준비하는
동안, 그럴싸한 이야기를 해서 관객의 주의를
다른 데로 돌려야 해요.

2 여러분이 카드 10장을 다 세고
나면, 관객들이 눈치채지
못하게 맨 밑에 있는 카드를 흘낏
보세요. 그리고 손으로 카드를 쓸어
모아서 나머지 카드 뭉치에 다시 올려
놓으세요. (예를 들어, 스페이드 8
이라고 합시다.)

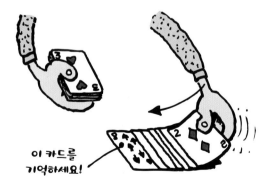

이 카드를
기억하세요!

3 관객 전체에게, 아니면 관객 중 1명에게 10과 19사이의 숫자 중에 하나만
고르라고 하세요. 예를 들어서, 여러분에게 주어진 숫자가 14라면 테이블에
14장의 카드를 세어 놓으세요.

4 나머지 카드는 한쪽에 놔두고, 선택된
번호에서 1과 4를 따로 떼어서 더해
주세요. 그렇게 합치면 5가 됩니다.

카드 14장

5 다섯 번째 카드가 무엇일 것 같은지
말하세요. (여기서는 여러분이 기억해 둔
스페이드 8 입니다.) 조그만 카드 뭉치에서
카드 5장을 덜어내면, 바로 그 다섯 번째
카드가 스페이드 8이지요.

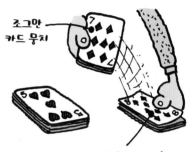

조그만
카드 뭉치

다섯 번째 카드는
스페이드8이 될 거예요.

카드 없이 하는 카드 마술

★ 필요한 것: 여러분의 마음과 그럴싸한 이야기 외에는 아무것도 필요 없어요!

마지막으로 여기, 여러분이 카드를 가지고 있지 않아도 공연할 수 있는 카드 마술이 있습니다.

1 지원자에게 숫자 1부터 10 사이에 있는 번호 중 하나를 선택 하라고 이야기하세요. 그리고 그 사람에게 다시 다른 숫자를 하나 선택하라고 합니다. 그리고 절대 어느 누구에게도 두 번째 숫자는 알려 주면 안 된다고 당부한 뒤, 그 숫자를 2배로 만들라고 말해 주세요.

2 이제 2배가 된 숫자에 14를 더한 다음, 2로 나눈 합계에서 두 번째에 골랐던 숫자를 뺄 것을 이야기해 주세요. 그리고 마지막으로 나온 답은, 지원자의 상상 속 카드에 적힌 숫자입니다. 그 숫자를 꼭 기억하라고 당부하세요.

3

첫 번째 고른 숫자	(예시: 3)
두 번째 고른 숫자	4
2배로 만든 숫자	8
14를 더한 숫자	22
2로 나눈 숫자	11
두 번째로 선택한 숫자를 뺀 것	(-4) 7

4 이제 지원자에게 카드의 무늬가 어떤 것인지 한번 상상해 보라고 이야기합니다. 하트인지, 클로버인지, 다이아몬드인지 혹은 스페이드인지 말이에요…. 여러분도 집중하는 척합니다. 그리고 무늬의 이름을 외쳐 보세요. 예를 들면 "다이아몬드!"라고요.

5 물론 여러분의 추측이 처음부터 들어맞지는 않겠지요. 그러므로 여러분이 정확한 무늬를 맞출 때까지 계속 외쳐 보세요.

6 물론 관객들은 지금 여러분이 마술을 제대로 못하고 있다고 생각할 거예요. 정확한 무늬를 맞출 때까지 아마도 몇 번 헛다리를 짚는 척해야 하지요. 하지만 정확한 무늬를 맞추면, 맞추자마자 다음과 같이 외쳐야 합니다. "아이고, 하트 7(어떤 카드든 그 무늬와 숫자)을 고른 줄은 몰랐네요!"

7 잠깐 멈추고 뜸을 들이세요. 여기서 여러분이 정확하게 무늬와 숫자를 모두 알아맞혔다는 것을 지원자가 깨달을 때까지 기다리세요. 잠시 후, 그 사람은 감탄하며 여러분이 얼마나 똑똑한지 칭찬할 거예요.

8 정말 간단한 마술이죠. 여러분이 계산 과정에서 예시처럼 14를 더하라고 한다면 마지막 답은 7이 될 것이고, 만약 10을 더하라고 한다면 답은 5가 될 것입니다. 이 외에도 답은 항상 여러분이 더하라고 한 숫자의 절반이 될 거예요!

당신은 내가 아는 마술사 중 가장 위대한 사람이에요!

마술 찾기

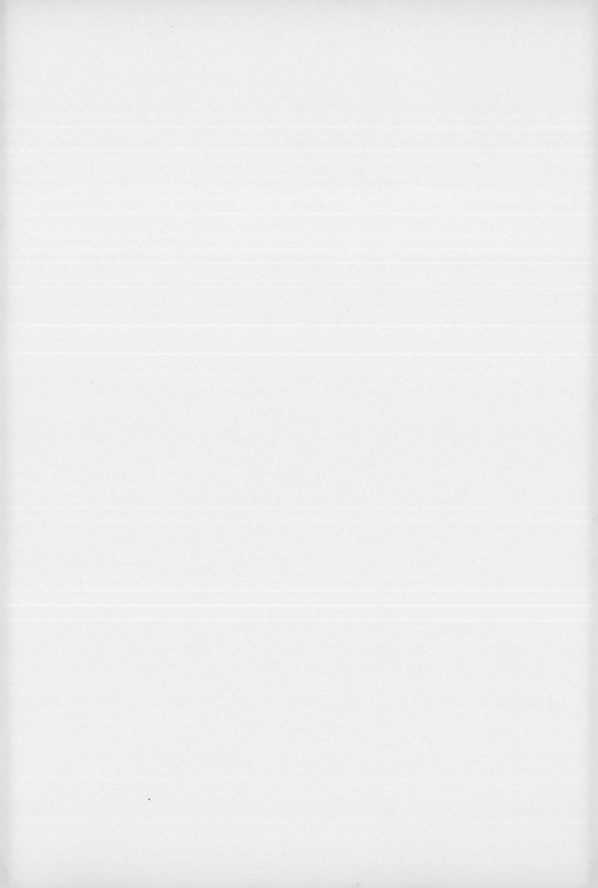